目からウロコのポイントチェック**II**
ヴァイオリン・レッスン
43の上達例

深山尚久
Miyama Naohisa

Stylenote

はじめに

　かつて「ストリング」という弦楽専門誌がありました。本書（第2巻）は、その「ストリング」に12年2ヶ月にわたって連載してきた「目からウロコのポイントチェック」の中から、2003年の1月号から2005年12月号までの3年間をまとめたものです。

　第1巻目と同様、興味を感じるコーナーから読んでいただけるように作ってあります。回を重ね、毎月取材し、原稿を書いているうちに、何度も似たようなパターンに出くわしました。しかし、これはあくまでも "似たような……" であり、決して "同じ……" ではありません。以前と重なってくる症例でも、受講者の性別、年齢、環境、人柄、などは千差万別で、毎回、光を当てるアングルを変えることによって、それぞれに理解を深めてもらいました。場合によっては同じ到達点を目指しながら、人により、逆のことを提示することがあるほどです。しかし、その都度、私は最後に一つ、様々なパターンでも必ず共通していることを、その時の状況にうまく適応する形になるよう表現を変えて伝えるようになってきていたことに気づきました。

　そのテーマは、「ヴァイオリンと意思の疎通を図ろう」というものです。弓の動きを感じ、弓と会話をする。そして、楽器から出てくる音をよく聴く。こんな音を出してみたいと思い、弾いてみると楽器からは違った答えが出てきたりして、そこで、やり取りが始まるのです。

　冷静に考えれば、ヴァイオリン自体に自主性があるわけではなく、全ては演奏者から端を発していますが、いわば使っている道具がベストパートナーになっていくことが、スキルアップの秘訣の一つですから、手にしたものを擬人化する考え方は、大切な感覚ではないかと思います。

　言うまでもなく、ヴァイオリンは魅力的な楽器です。そして演奏の上達は長い道のりです。しかし、この不可思議な者…と付き合うことによって、生きて行く上で、思わぬメッセージをもらうこともある。そんな付加価値がこの楽器には潜んでいるのです。

　本書を読み、実践してみて「やっぱり、やってて良かった！」と思っていただけたら大変幸せです。

もくじ

♫ 具体例から探す

コラム

シリーズ "右手のこと"

♫ 曲目から探す

Case59

　前巻『目からウロコのポイントチェックⅠ』のCase22に登場してもらった中嶋裕子さんのお嬢さん二人に今回は登場してもらいます。二人ともヴァイオリンを始めて約１年が経つそうで、お母さんが教えてきたそうです。もし、変な癖が知らないうちに身に付いてしまったら、それを直す時間は身に付いてしまった分だけ逆に長くかかってしまうものです。楽器を持ってまだ１年くらいは、ちょうどセカンド・オピニオンのアドヴァイスが、今までやってきたことを良い方向に伸ばしていくのに有効な時でしょう。

■少し荒療治？　だけれど

　まず、次女の中嶋 奏ちゃん（８歳）からです。A線の1st.ポジションで初歩の曲を弾きました。**写真1**のように譜面台に対して、足の向きも体の向きも正面に向けています。結論から言えば、楽器は少し左方向へ、体は少し右方向へ向いて弾いてほしいのですが、その形をとらせたところで、またすぐにもとの悪い形へ戻ってしまうでしょう。この形で弾き続けると、左手の小指は届きにくく、右手は必要以上に肘が下がったり、力が抜けなかったりと、困難を抱え込むことになります。

写真1

写真2

　この癖を直す方法として、今までしてきた中で一番シンプルで、しかも自然に体が覚えていく方法は、**右に向いて立つ**、というやり方。**写真2**の通り、本人からは真左に譜面台がある、というものです。彼女は「弾きにくい」と言っていましたが、まず、一週間やってみましょう。**注意するのは、お腹が出っ張ってこないこと**。この時期は腰がだるくなったりして疲れますが、その中でも少し弾きやすいときや、音が良くなったりする瞬間を無意識のうちに覚えているので、その後に右前方45度くらいに足の向きを戻していっても、以前の悪い癖（正面を向いてしまう）に戻りにくくなります。

■今、直したら後が楽です

　次に長女の中嶋詩歩ちゃん（9歳）です。一生懸命、指をキチンと並べようとしています。ちゃんと押さえれば、自分の思っている良い音が出ることを知っているのでしょう。

　私は、自分なりに良い音を出したいときの指の形と、メカニカルな指の形とは、必ずしも一致しないことを学生の頃に痛感したことがあるので、生徒の指の形は、じっくり観察して、各々に適した形を指示していこうと心掛けていますが、先々ヴィブラートのかかりにくそうな指の形は、すぐに直させます。

　詩歩ちゃんは**写真3**のように4本の指を指板に沿って形を作っています。これだと指を隣の指と付けたり離したり（半音や全音）して音程をとっていくのに、苦労します。ゆっくりの部分は何とかなるにしても、速いパッセージをクリアするのに時間がかかるし、知らず知らずのうちに音程が悪くなり、無意識の妥協が生まれてしまい、音は硬くなるのです。ヴィブラートもかかりにくいでしょう。

写真3

　前巻『目からウロコのポイントチェックⅠ』のCase13でも紹介しましたが、**写真4**のように、手のひらを自分の顔のほうへ向けてみましょう。手が鏡だったら顔が映る形です。そして**人差し指、小指と押さえ、オクターヴのフレームを作って2と3の指を置いてみます**（**写真5**）。

写真4

写真5

　詩歩ちゃんは、すぐ形を作れたどころか、音程も音色も良くなりました。子供は大人が1ヶ月かかるところを3日でできてしまう、と聞いたことがありますが、この形にフィットし動かすことができるようになるのに、大人の場合1週間は最低かかりますが、彼女は1日練習すればできてしまうでしょう。

　二人のお嬢さんが、デュエットできるようになる日が楽しみです。

Case60

　弦楽四重奏のポイントチェックです。彼ら（三上泰史さん、室住麻子さん、福浦辰生さん、西田毅弘さん）は、室内楽をやるときのアプローチの仕方をしっかり持っていて、練習も有効にしてあり、アマチュアの中でも優秀なグループだと思います。今回はモーツァルトの弦楽四重奏曲第19番「不協和音」の第3・第4楽章を聴かせてもらいました。

● 悩んでいるところ ●

　チェロの西田さんから受けた手紙をそのまま紹介します。
　「ベーレンライター版を購入し、練習しています。しかし、強弱記号にしても、ほとんど *f* と *p* しかないし、それぞれ、どの程度の音量で弾いてよいのか、また、どの程度、どんな感じに表現してよいのかわかりません。モーツァルトを演奏するとき気をつけることなど、お教えいただけないでしょうか。」

■ブレスして弦の上に弓を置く

　日本でよく出回っている版の楽譜は、前巻『目からウロコのポイントチェックⅠ』のCase45でもお話ししたとおり、その後のプレイヤーたちなどにより、より演奏に即して書き加えられています。適切な部分もあれば、編者の勝手な好みでパートをいじってしまった部分もあり、ましてや、運指に至ってはロマンティックなポルタメントをかけるための使い方だなと、明らかにわかるものまであります。

　今の時代、さまざまなモーツァルトの名演が生やCDで聴けるようになり、このような楽譜は、参考書として傍らに置いて5人目の意見として考えることを勧めます。それに対して、ベーレンライターは逆にすっきりしすぎていて、プレイヤーのマナーが問われる楽譜です。

譜例1　モーツァルト／弦楽四重奏曲 第19番「不協和音」第3楽章トリオ後半部分

譜例1は、この曲の第3楽章のトリオの後半ですが、ベートーヴェンや、それ以降の作曲家が、このように書いていたら、**p** と書いてある音符は **f** の指示がある直前まで **p** であり、*subito*（スービト＝直ちに、すぐに）**f** で演奏する。あるいは、**f** のあとの **p** は *subito* **p** と考えます。ベートーヴェンの、あの激情と興奮を織りなす音楽には、特に頻繁に出てきます。しかし、モーツァルトは違うのです。

　具体的に言ってしまえば身も蓋もないのですが、あえて言うなら **f** に入る直前に少しクレッシェンドがあり、**p** に入る直前に少しディミヌエンドがあります。これは **f** までのクレッシェンドでもなく、**p** までのディミヌエンドでもありません。次の楽句へ向ける接続の表情です。**f** は、ただ強く弾くのではなく、丁寧に入り豊かな音で。**p** は、ただ弱く弾くのではなく、よりやわらかく、と考えましょう。

譜例2　モーツァルト／弦楽四重奏曲第19番「不協和音」第3楽章冒頭

3拍目で弓を置く

　譜例2は、メヌエットの頭の部分です。第1ヴァイオリンはアウフタクトから **p** で弾くのですが、どうも頭のEの音が消極的です。弓をしっかり置いて、子音を含んだ音で始めましょう。繰り返しますが、**p** を弱く、小さくとは考えず、やわらかく、と考えましょう。2小節目の4分音符も同じです。手前の3拍目の休符で2nd.以下は、弓を弦の上に置いてから弾きましょう。次の **f** は、なおさらこのように考えなくてはなりません。**全員で呼吸を合わせて音の出を気遣うと、自然と良いバランスになっていきます。**

　音量に関しても同じことが言えます。様式感さえ守って弾けば、モーツァルトだからロマン派や近代の作品よりも、音量は少なめに演奏しよう、などとは決して思わないでください。

　試行錯誤は結構なのですが、彼らは、スタティックな方向をとっているようです。これはオーケストラでも同じことですが、**音楽することと、安全運転演奏との接点は、小さくあるべきです。**

　このクヮルテットは、音程に破綻を来たすことが、あまりなかったので、能率の上がるリハーサルができると思います。今度、第1・第2楽章も聴かせてもらうつもりです。

Case61

　練馬交響楽団で、コンサートで演奏する曲の弦セクションのトレーニングをしました。今回はベルリオーズの「ローマの謝肉祭」と、ハチャトゥリアンのガイーヌ組曲から「剣の舞」の2曲です。とても活力に溢れているオーケストラで、集中力も感じられ楽しんでいる様子もよく伝わってきました。出席率も高く、システムもしっかりしています。

■後打ちの裏技

　「剣の舞」のポイントチェックをします。

　この曲の弦セクションは、ほとんど打楽器的に扱われていて、チェロとコントラバスは頭打ち、ヴィオラとヴァイオリンは後打ちをして、管楽器や打楽器（シロフォン）のメロディをリズミカルに刻んで進んでいきますが、中間部で、4分の3拍子になる1小節前（第34小節目）から、チェロはアルトサックスと共に、メロディを担当します。ややこしいのは、相変わらず4拍子フレーズである、ということ（第35小節目〜）。弦の頭打ちのコントラバスも4拍子系で刻んでおり、これにティンパニの頭打ちが入ると、ますます4拍子系を強く感じざるを得なくなってしまいます。そして、この中で3拍子を感じ、後打ちをしようと思うと、とても難しい。指揮者は三角形に振っているのですが……。

　案の定、初めに通してみたらバラバラになってしまいました。はたから見ると大して難しそうでもないのですが、この後打ちを経験した人なら、頭の中がパニックになった瞬間を思い出すでしょう。

　まず、メロディに移るチェロですが、3拍子で8小節のフレーズを4拍子で感じると6小節になります。三角形で振っている指揮者をよそ目に、4拍子を感じ、歌っていけばよいのでしょうか？　これは無理です。**必ず3拍子を感じましょう。**仮に、4拍子に書き換えたとしたら、音楽の運びがイージーになってしまい、ハチャトゥリアンの思惑からはずれた、妙にシンプルなメロディになってしまいます。チェロの人は、自分で三角形を振りながら、このメロディを声を出して歌って、体の中へ入れていってください。できると、とても楽しいはずです。付け加えれば、当然のことですが歌っているとき、あるいは弾いているときに、3拍子を感じるための1拍目のアクセントは、最終的には付けないように。

　次に、ヴァイオリンとヴィオラの3拍子の後打ちです。まともに3拍子を感じようとしても聞こえてくるのは、まぎれもない4拍子。頼りは指揮者の図形だけ。という状態です。

　こんなときは、小節線を取っ払って4拍子を感じ、後打ちをしましょう。トレーニングでは、チェロのメロディは一旦抜きにして、コントラバスの頭打ちを聴きながらシンプルに後打ちをしてみます。弦セクションだけでの分奏で、コントラバスのピッツィカートが聞こえにくいときは、そのときだけアルコにしてもらって、やってみましょう。ここでもそうしてみました。

　コントラバスは、絶対に遅れ気味にならないこと。それでも、始めのうちは良いのですが、少し時間が経つと、バラけ始めます。楽器を弾く機能として、頭打ちをしているときと、後打ちをしているときとでは、まったく同じ動作でなくてはならないのですが、現実はそううまくはいき

ませんでした。

　今度は試しに、後打ちをしているヴィオラ、ヴァイオリンの全員で、コントラバスと一緒に頭打ちをしてみました。これは揃います。次に、手前でキチッと弓を弦の上に置くイメージを持ってやってみると、見事に揃ってくるのがわかりました。この動作を忘れずに、もう一度後打ちをしてみました。だいぶ良いです。４拍子に感じながら、気楽に後打ちができるようになったら、３拍子に感じて後打ちをしてみましょう。無理に３拍子を強く感じて不要な力が体に入ることは避けましょう。そして４拍子で感じているときは、音の変わり目と、本当に４分の４拍子になる出口だけ気をつけてください（**第53小節目の３拍目が１個余る。第54小節目から４拍子**）。

　他の曲などで、まだいろいろとやっていかなくてはならない部分もあり、このようなことばかりに時間をかけるわけにはいきませんが、つぶさにコレクトすることにより、他の部分でも活かすことができ、ステップ・アップに必ずつながるということを忘れずに頑張ってみましょう。練響の人たちは、その辺とてもまっすぐにアプローチしてきて良いムードでした。

　コンサートが楽しみです。

 質問コーナー

　ヴァイオリン教室で子供たちを教えています。４歳の子供で、始めて半年が経つ子がいるのですが、弓を正しく持たせようとしても、どうしても小指の先がスティックから落ちてしまい、薬指と並んだ形になってしまいます。ちょうどこれからが楽しくなる時期なので、今のうちに何とか良い形にしてあげたいのですが、シンプルでわかりやすい説明が見つかりません。具体的なヒントをお教えいただけないでしょうか。

ANSWER

　弓を持って形を作る前に、持たずに形を作らせてみましょう。詳しい解説は大人のポイントチェックのときにしますが、手自体で持つ形を空中でとらせて、そして持たせます。

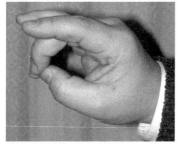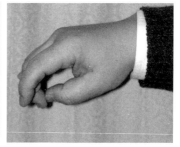

小指はスティックの上です

　私が勧める形は、キツネの影絵の形。と言っても、口先がとがっていないキツネで、中指の腹に親指先がついている形です。その形で力を入れずに、そーっと弓を持たせてみましょう（**写真参照**）。小指に弓の重さが感じられればよいのですが、親指も小指も伸びきってしまわないように。

Case62

　仙波多栄さんは、サクソフォーンを専門に勉強していたので、レッスンに臨む感じも心得ており、その中の時間はとても効率よく流れていきます。できることと、できないこととのラインを引くことも積極的に感知するので、言葉のキャッチボールも必要最小限で、かつスムーズに行なわれました。能力には、どうしても個人差というものが生じてきます。しかし、それは仕方のないことで、さほど練習しなくても、呑み込みの早さで、ある程度上達してしまう人。逆に、コツコツ努力しても一歩一歩に時間のかかる人。さまざまですが、それは問題ではありません。それよりも、先生と生徒とが共有するレッスンの時間が、どんな形で流れているかが大切なのです。

　生徒が恐怖にさらされ、緊張の連続で、レッスンが終わると疲れ果ててしまうのも問題だし、ただ弾いて、先生のほうもテンションが低く、レッスンとしては価値の低い時間なのも問題です。先生が教えたことに対し、生徒が、的確な反応を何らかの形で示す、ということが初めの一歩なのでしょうが、的確な反応を示せるように仕向けるのは、先生の接し方次第ではないでしょうか？

● 悩んでいるところ ●

　彼女は弦楽器専門のお店に勤めています。かつて、ある楽器店に勤めていたときに弦楽器の奥深さに感動して、本格的にこの道を歩んでいるそうですが、演奏に関してはまったくの素人。自分でもある程度、楽器の音を出すことができて、楽器や弓の感触をより確実なものにしていきたいけれど、忙しい時間をぬって定期的にヴァイオリン教室に通うなど到底無理。とりあえず一番近道は何か？　というものです。

■楽譜は読めなくていい！

　構えてもらいました。さすがに何人ものプロ・プレイヤーらを相手にしているだけあって、見よう見まねでも良い形で姿勢も良いです。弓の適正な持ち方を覚えてもらいました。

　弓を持っている時間を長くして、体で覚える以外に方法はないのですが、私は中学の頃、弓の持ち方を直されたとき、学校の授業中や電車の中などで、いつも鉛筆を弓に見立てて手に馴染ませたものでした。この効果は絶大です。オフィスでペンが止まったとき、指の上でクルクル回すかわりに弓を持つ形をとる練習をしましょう。

　次に左手です。今、小指を使うのはやめておきましょう。そして音程のはずれようのない開放弦も使って音階を弾きます。中指（2の指）と、薬指（3の指）をくっつけて、第1ポジションで全部の弦を同じ形で弾くと、G線とD線によりG Dur（ト長調）、A線とE線とによりA Dur（イ長調）の音階を弾くことができます（**譜例1**）。

譜例1

G Dur　　　　　　　　　　　　　　　　　　　　　A Dur

　譜面にしてしまうと、一瞬むずかしそうに見えます。当面、譜面は読めなくてよいですから、指の形と音とを頭へ入れてしまいましょう。あとは弓と弦とは直角に交わるようにして、まず、ガリガリ弾いてしまいます。いやな音だなと思ったら、かえって弓を駒から遠ざけずに、腕の重みを軽くするようにしてください。**弓の持ち方が正しければ、今は、手首を使ったり、指を使ったりしないこと。弓も全部を使わず、中弓で動かしてみましょう。**そのうち欲が出て小指を使ってみたり、譜面のビギナーのためのメソードを覗きたくなったりしてきたら、新たな方法をお教えしましょう。

Case63

ヴァイオリンの音色を、いつも大切に扱っている様子がよく伝わってくる人の演奏は、聴いている側も心和む瞬間があることを、市岡亮嗣さんの演奏で再確認できました。イタリアの新作の美しい楽器を持っていて、その音色の魅力を充分にわかっているようです。ストラヴィンスキーの「イタリア組曲」を聴かせてもらいました。この曲は、バレエ音楽「プルチネルラ」を原曲とする18世紀イタリアの音楽による親しみやすい名曲です。

● 悩んでいるところ ●

以下は、『ストリング』（レッスンの友社）の連載中に彼から届いたメールです。

> レッスンの友社御中
> こんにちは。はじめてお便りさせていただきます。
> 名古屋市に住む、市岡亮嗣と申します。
> アマチュアでバイオリンを弾いております。
> いつもストリングを読んでいますが、興味深い記事、勉強になる内容が盛りだくさんで、昔からの愛読者となっています。
>
> さて、私、バイオリンをやっていますが、日頃悩みをもっておりまして、いろいろ研究しているのですが一向によくなりません。
> それは、練習では何ともないのですが、本番（ソロあるいは室内楽）で人前で弾くときにいつも緊張のあまり弓を持つ手に力が入らなくなり、弓がふらついて音が堅くなってしまうのです。
> 逆に変な所に力が入っているのかと思って、ボウイング方法や脱力のし方を独学でやっているのですがあまりよくなりません。
>
> そこで、前から注目していました、本誌の深山さんの誌上公開レッスンを受けて、この悩みを含め、ボウイングについて診て頂きたいなと思い、これに申し込みたくメールしました。
> いかがなものでしょうか。

■弓が無くても弓は持てるか!?

音を大切にする気持ちは良いのですが、音からのメッセージ感がいくらか不足しているようです。母音（あいうえお、a i u e o）が出る手前の子音（か行→ k　た行→ t　etc.）が聞こえて

きません。弓自体にも問題がありました。反りが戻ってしまっています。道具に関しては、いずれ改良するとして、今回は、右手の弓の持ち方について説明しましょう。

彼は弓をしっかり持とうとして、**写真1**のように、親指が伸びきって逆にそっくり返っていました。これだと、子音を出そうと思うと雑音が入りやすくなりますし、残り4本の指で、親指の分も、強くフィンガー・アクションをとらなくてはならず、無駄な動作を余儀なくされます。はじめはグラつくかもしれませんが、**写真2**のように持つようにしていきましょう。先ほどの鉛筆を利用するのです。

写真1

写真2

本番で、弓を持つ手に問題が生じてしまうのも、おそらく親指によるところが多いと思いますが、もうひとつは、前回の質問コーナーの"子供の弓の持ち方"と同じ話になりますが、弓を持っているときと、弓を持たずに空中で形を作ったときと、まったく同じ形をキープできるかがポイントになります（**写真3・4**）。**弓を持って、初めて弓の正しい持ち方の形になるのでは、弓に依存して形を作っていることになります。**これは左手にもあてはまることですが、無駄な力の発生が起こります。

写真3

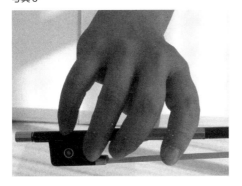

写真4

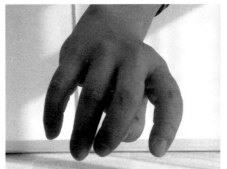

空中でも右手が、弓を持ったときと同じ形で保てれば、弓を持ったとき、やわらかく持ったり、しっかり強く持ったりが、自在になっていきます。弓はいつもやわらかく、ゆるく持っていなくてはならないなどということはありません。音色を自分で聴き分け、ときには強い音を目指したいときは、しっかり持っても良いのです。そしてやわらかく持っているときも、強く持っているときも、持っている手の形が変わらないことが大切なポイントです。

Case64

　以前にも一般の大学へ通いながら、あるいは卒業してもプロのヴァイオリニストになることへの夢を抱いている人たちのチェックをしたことがあります。菅 司さんもそんな人たちのひとりで、留学ということも考えに入れて、ヴァイオリンを勉強している大変熱心なプレイヤーでした。聴かせてくれた曲は、イザイ作曲の「悲劇的な詩」です。この曲はピアノ伴奏で演奏されるものですが、G線を1音下げてFに合わせ、言わば "F線" にして楽譜はそのままの指で弾く、という変則的な方法で演奏されます。

● 悩んでいるところ ●

　イザイのこの曲に対する音楽的なアプローチをどのようにすればよいのか、というものです。それには、もちろんテクニカルな面も含まれてはいるのですが、どちらかと言えば文学的な要素の面に興味を持っているように感じ取れました。

■やることはその辺にころがっている

　私がこの曲を知ったのは、18年前のドイツ留学時代でした。クラスの発表会で生徒が弾いていたのを聴いて、その独特な響きに驚かされたのを思い出します。

　譜例1は、この曲の冒頭です。ここまで見ると "F線" は使わないのですが、楽器の共鳴の仕方が違うので、すでに何やら独特の匂いがしてきます。イザイは作曲家である前に、大ヴァイオリニストでもあるわけで、ヴァイオリンという楽器を知り尽くし通常では考えつかない方法をもって新しい響きを試みたに違いありません。

譜例1　イザイ／悲劇的な詩

イザイの作品としてはテクニカルな面において難易度は低い方です。しかし、この曲の音を弾くテクニックが自分の最大限のテクニックと同程度だとしたら、曲のエッセンスを聴衆の耳にまで運び込むのは、なかなか難しい。もちろん、古今の名作、例えばモーツァルト、ベートーヴェン等でも同じことが言えますが、そんなことを言い出したら、確実に上達するまで、人前では何も弾けなくなってしまいます。しかし、馴染みのあるメロディや調性感のシンプルな曲は、それなりに聴こえてくるものですが、イザイは、その辺の音楽的要素と異なる強いメッセージが込められている作品。菅さんの悩み、というのも頷けるところです。

　聴かせてもらったところでは、右手も左手も整った動きをしていて、几帳面な音の捉え方もしているし、ヴィブラートも官能的な音を持っています。あえて言えば上半身、特に胸の辺りに力が入っているのが気になりましたが、それは本人も気づいていて直す方向性も考えているようでした。彼が見落としていたのは弓の配分でした。

　今回のケースで、私が勧めたい考え方は、**よりシンプルに楽譜を見て、ハーモニーに沿った音を並べていく作業を細かく行なっていこう**、というもの。この譜面で始まりのAの音をどのように鳴らそうか？　次のB♭は手前のAに対して、どの割合の弓の量を使おうか？　2拍目のFとは、どのくらいの隙間が必要なのか？　隙間をなるべく取りたくないのなら5度の跳躍なので移弦を避けるべきか？　いや、指を替えれば良いのでは？　Fの音のテヌートは、どんな意味合いを持つのか？　F線の共鳴を強調させようか？　4拍目のB♭は、1拍目のB♭と、どのように色の違った音を出そうか？……　するとFの中の3拍目の弓の速度との兼ね合いは？……。と、まあ、考え出し、理想の音楽は、まるで煉瓦造りのお城の建築のように、ゆっくりでガッチリとした時間の流れが必要となります。彼のように弾けるのだったら、**引き出しをどんどん増やしていくことが、一番のステップ・アップの近道です**。音の一つ一つの積み重ねにより、作品の捉え方は自然と見えてくるもの。

　ヴァイオリニストの数住岸子さんが、こんな話をしてくれました。「ヨーヨー・マは1日1小節しかさらえないんだって！」「岸子さんは？」「2小節はさらえるわ」2人の引き出しは数えきれないほどあるのでしょう。

Case65

　川口真一さんはたっぷりとした体型で、楽器を持つ手も肉付きがよく、それが音に出ています。やわらかく、温かみのある音色でした。使用している弦も、音色の上では高い評価を維持し続けているピラストロのオイドクサで、本人が目指す音作りも想像できます。

　バッハのパルティータ第２番ニ短調BWV1004からアルマンドを聴かせてくれました。楽器の音というのは、太さや、やわらかさがあって初めて、鋭さ、硬さ、細さも表現できると考えましょう。鋭い音色が好きだという人は、鋭くないときの美しさを充分に知り、そして、鋭さを表現するべきです。

● 悩んでいるところ ●

　本人が知らず知らずのうちに、やわらかく温かみのある音色ができて、その音を聴きながら、音を重ね、音楽を重ねていった部分もあると思われます。自分の出す音には、もう飽きてしまった、という人に会ったことがありましたが、彼も、そういう感じでした。いろいろな音が出したい、というものです。

■多彩な音色と豊かな音量を出すために

　このコーナーで、何度か取り上げてきた話題を、また、違った方法で紹介しましょう。駒と弓との関係です。彼は駒から２cm以上離れた場所で、弓を動かしていました。それでいて音は潰れず、自分の音色で弾いていました。初めのうちは、すんなり耳に入ってくるのですが、楽譜を数段弾くうちに、その音色ばかりで、単調に聴こえ始めます。弾いている本人が、それを一番に感じているのではないでしょうか？　書道の筆で言えば、全部を下ろしていないといった感じで、字体変化がないのと一緒です。

　試しに駒の近くで元弓でD線の開放弦を**譜例１**のように弾いてもらいました。音が潰れて、うまく発音できません。

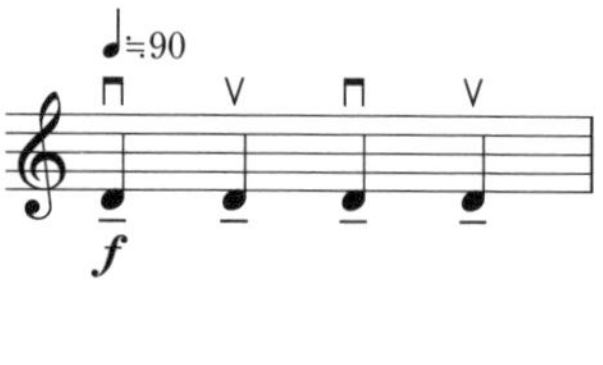

　駒の近くでも弾かれている楽器で弾いてもらったら、すぐに鳴りました。楽器も疲れているようです。

　次に、彼の楽器と弓とで私が弾いてみました。とても音が出難く、タンが絡んだようでしたが、10秒くらいで何とか発音し、美音が顔を出し始めました。道具は大丈夫でした。また、彼に弾いてもらいました。「ジュコー、ジュコー」といった音で、"ジュ"というのは、発音できないでいるDの音です。**今まで出していた音はひとつの大切な音色として取っておいて、もっと楽によく鳴る音作りを目指しましょう。**若干、音程の甘さも気になりましたが、クリアな発音だと、もっと目立ってきます。駒の近くで弾くことができることにより、音程への気遣いも増えていくでしょう。よくある症例ですので、一度実験してみてください。

譜例１

「指慣らし」について

　雨のシトシト降る寒い冬の日に、朝、ヴァイオリンの先生のお宅へレッスンに行って、部屋に通される。「今日も寒いね。今暖房入れるからね。」と言い、ボッと先生がストーブに火を入れてくれる。おそらく部屋の温度は10℃以下くらいだったでしょう。私の遠い昔の思い出です。手はかじかみ、楽器は冷え切っていて、構えたところで、弾くどころではないほどの環境の悪さです。

　「部屋が暖まったらレッスン始めるから、指慣らしでもしていてね」と言って先生は部屋を出ていきました。ストーブに手をかざし、ある程度暖まったところで、"指慣らし"。子供心ながらに、パラパラといい加減に弾いたら先生のいる別の部屋にも聞こえて、「きちっと急がずに弾きなさい」とあとで言われるのではないか？　と気にして「ドーレーミー」と音階を弾いて、実はちっとも指慣らしにならなかった。家では、楽器を持ったらチューニングの後、自分なりに、パラパラとファジーな音列を弾いて落ち着き、音階もある程度、余分な力が抜けて弾けるのに、あの"パラパラ"は本当はいい加減だから秘密にしておこう、と思っていたのです。しかし、よく思い出してみると、後で部屋に入ってきた先生も、楽器を出して、朝一番の音出しは、何やらパラパラと弾いていました。G線からE線の上の方まで……とても鮮やかでカッコよかったので、家ではその気になって真似していたのです。

　そして今、指慣らしの手前の「指慣らし」とよく生徒に言うのですが、逆に、とても大切なことである、と確信しています。スポーツでは、野球ならバットの素振り、陸上なら軽い跳躍、みたいなものでしょう。譜例などありません。自分自身で見つけていくものです。そして**大切なのは、決していい加減ではないこと。しかし、出発点はいい加減から始まっていること**……難しい表現ですが、的確な脱力へのひとつの道しるべでもあります。生徒に「指慣らししててね」と言って部屋を出ても、聞こえてくるのは「ドーレーミー」という何とも無表情で硬い音だったりすると、私は「もっとチョロチョロ家で弾いているみたいに弾いていいんだよ」と、戻って来たときに、そう勧めるようにしています。

Case66

福家幸英さんは、清潔な音の持ち主です。聴かせてくれたモーツァルトの第5番のコンチェルトの冒頭には、ヴァイオリンのマイナス面で放つ、あのザラザラとした音はひとつもありませんでした。それに無駄な動きもなく、割と自然ですが、音楽へ向ける欲はもっとあってもよいのかもしれません。

● **悩んでいるところ** ●

自己流である、ということ。今までにキチッとしたレッスンは受けたことがないと言うのです。なるほど、清潔ではあるけれど道しるべを持たないから、方向性を感じないのです。見よう見まねという感じで弾いてきたにしては、相当なものでした。

■アイテムは人それぞれ

構えた形は顎が少し前へ出て窮屈そうでした。肩当てが必要だと思っているか聞いたところ、「これも皆からの影響で、実はよくわからない」とのことでした。

私は肩当てを取ることを勧めました。（**写真1→2参照**）

写真1

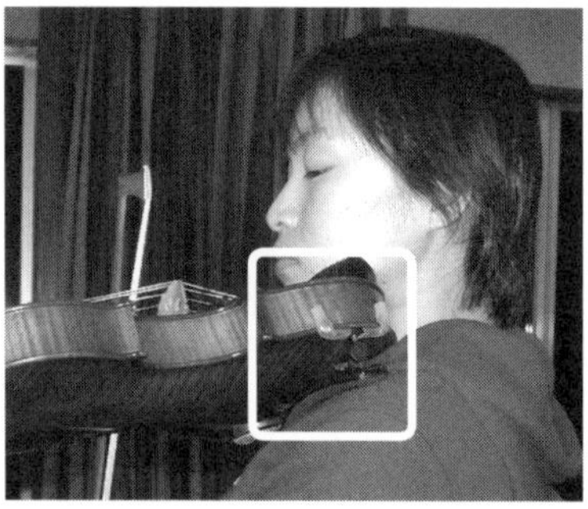

写真2

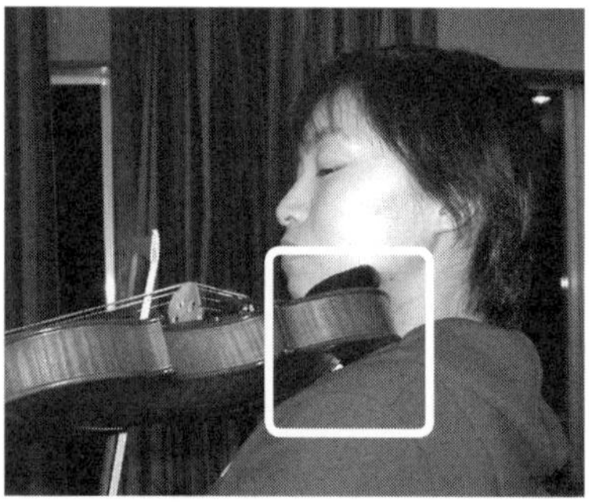

□の部分が楽そうに見えます。
そして、自由になりました。

肩当ては、私の子供のころはまったく普及しておらず、一般に普及したのは実はここ40〜50年の間のことなのです。それまでの人たちより、今のプレイヤーのほうが上手かどうか疑問です。**肩当てを決して否定はしませんが、ないほうが音がよいのは確実です。**人それぞれの体型も影響するでしょう。ですから『必ず使う』と考えるのは安易すぎます。

福家さんは、肩当てを取ったほうが、ずっと自然な姿勢になったし、音もキラキラしてきました。肩当てをすると一瞬楽ですが、功罪ということを、今後考えていきたいと思います。

私は20代前半と30代半ばに使用していたこともあるので、両方の経験をしていますが、もうおそらく一生肩当ては使わないつもりです。

オーケストラ考Ⅳ

　私は中学のころ、親に買ってもらったレコードの中で、最も繰り返し聴き、その曲の虜（とりこ）になってしまった作品と言えば、ベートーヴェンの交響曲全集です。それまでは「運命」の第1楽章くらいしか、よく知らなかったのですが、まず「運命」を聴き、その第2楽章に初めて接し、あまりの良さに（美しいとか、かっこいいとか、よく言われる表現では語れないほどに）文字通り感動しました。そして、次々に聴いていき、第2番や第8番など、タイトルの付いていない作品にも没頭していきました。いずれどこかのオーケストラで演奏したい、といつも心の片隅に思って、レコードの針を上げたものでした。

　そして、プロの道を目指し、何かとオーケストラに参加する機会を得て、ベートーヴェンの曲も含め、さまざまな作品に出会います。そんなころ、今考えれば当たり前のことなのですが、他のプレイヤーも、それぞれに、かつて作品に感動し、いつかその作品に自分もかかわろうと理想を抱き、今、私と同じように期待と不安の中、参加しているんだ、と改めて確認し、「仲間なんだ！」とうれしくなったのをよく覚えています。

　指揮者はもとより、コンサートマスター、パートリーダーが、それぞれの思いを持って演奏している人たちの音楽を同じ方向にまとめていき、本番の日を迎える。学生のころ、出来の良し悪しは別として、コンサートを終えたときの達成感は、とても爽やかなものでした。

　私は大学1年のころから、在京のプロ・オーケストラのエキストラとしても、お手伝いをしていました。第1ヴァイオリンのときもあれば、第2ヴァイオリンのときもある。日本フィル、NHK交響楽団、東京交響楽団などは、とても印象深いオーケストラでした。

　今考えれば当たり前のことですが、学生オーケストラでザワザワ練習しているのに比べ、余計な音は出さない、練習の進行が誠にスピーディー、そして顔は割と無表情。こんなことにプロフェッショナルの生き様を垣間見て、身を引き締めたことを思い出します。

　そんなとき、あるオーケストラで演奏旅行中、夜、メンバーと一緒に飲みに行った際、私がつい音楽の話題を出したら「今は仕事の話はやめてよ」と言われたことがありました。若い自分ながら「仕事の話でも、それが好きだったらいいじゃないか！」と心の中で叫んだのですが、「さまざまな事情で、社会人は皆、つらいんだなぁ」とも思い、好きな音楽をやりつつ、仕事になり、お金をもらって言うことなしなのに、と大変複雑な思いをしました。

　そして、学生からプロのプレイヤーになり、現在へと至るわけですが、私はいまだに演奏旅行中でも、地元で疲れ果てて仕事が終わったとしても、音楽の話題で酒を飲むのが一番好きです。これはプロではないのでしょうか？　"否"今まで何人もの一流ミュージシャンと飲んできて、私は、そのほとんどの人たちが、口角泡を飛ばし、音楽談義に明け暮れている様を見てきました。やはり音楽が好きなのです。

　先ほどの話の続きに戻りましょう。

「今は仕事の話はやめてよ」の人は、とてもいい人だったけど、いつも辛そうでした。そして、私がプロのプレイヤーになって、オーケストラで何かと人間関係のトラブルに巻き込まれるたびに、彼のあの横顔を思い出すのです。

結論から言ってしまうと、オーケストラとは辛く、いやな場所である、ということ。非常にペシミスティックなものの言い様と批判を受けるかもしれません。しかし事実です。では、なぜ、それがここまでプロ・アマチュアを問わず情熱を持って活動しているかというと、ベートーヴェンのシンフォニーが、あるからです。あるいはモーツァルト、あるいはブラームス、ブルックナー、マーラー……。そして音を出し、組み立っていき、本番を迎え、終える。達成感で充実します。だからなのです。

終演後に反省会と称し、またぞろ音楽談義……。このときは、もうすでに少し冷静になっており、3日後には完全に普通になっています。「あいつがいなければ、もっと良い演奏ができたのに」「あの人の隣で弾くのはもういやだ」「なんで私はいつも後ろで弾かされるの?」……もうウンザリするほどの不平不満が水面下で吹き出します。指揮者への苦情は、まだ、どちらかというと健全なほうで（彼らは我慢して欲しい）、プレイヤー仲間が、すでに敵同士になってしまうことがグループの中で起こり始めたら手がつけられません。しかし、だから「辛く、いやな場所だ」と言っているのでは決してありません。不平不満をゴソゴソ言っている人たちは、オーケストラは、楽しく、大変心地よい場所のはずだ、と勘違いして入ってきてしまったのでしょう。そのような人たちに私は言いたいのです。「辛く、いやな場所だよ」と。

基本的な考え方をこのように置いておいて、その中ですら良い作品、良い音楽、すばらしいミュージシャンに接する機会を得られた喜びを最優先に考えることができたら、ゆがんだテンションで自分を最優先に考えているより、目先の音をきちっと弾くことにより、気持ちが改善されていくことを知るでしょう。

私自身はオーケストラが大好きです。しかし、ここは人間集団です。いいことばかりではありません。この社会性に馴染めない人は、中途半端に愚痴をこぼして辛がっていないで、退団することを勧めます。実はその人が「辛く、いやな場所」にしている張本人なのですから。

コンサートマスター、首席奏者に関しての諸々の問題もあろうかと思いますが、それについては、次の「オーケストラ考」でもふれてみようと思います。

Case67

オーケストラで第2ヴァイオリンのトップを務めている滝 恵子さんは、とてもアンテナが発達していて周りの音をよく聴き、的確な反応を体に現わすことができます。ヴァイオリンを弾いている動きに、リズムのノリの良さを感じさせるプレイヤーが前で弾いていると、その後ろの人たちは、とても楽に演奏でき、良いセクションに成長していくでしょう。

モーツァルト作曲のコンチェルト第4番の第1楽章を聴かせてくれました。

● 悩んでいるところ ●

低音系にもっと豊かな音が欲しい、というもの。彼女は明るい音を持っているので、バランスをとりたくなっているのでしょう。

■ "逆C字" に松ヤニは付くか？

モーツァルトのコンチェルトは、一定水準以上のテクニック、音色、様式感、ひいてはプレイヤーの人間像までが表出されるほどの、ヴァイオリン曲の中でも、いろいろチェックしていく上で最高の作品群ではないでしょうか？

譜例1　モーツァルト／ヴァイオリン・コンチェルト 第4番 第1楽章より

前ページの**譜例1**は、この曲の冒頭です。そして57小節目以降に、今回はスポットを当てて説明していきます。そこまではG線は一度も出てきません。ヴァイオリンは、4本の弦のうち、E線という、A線に比べてずっと華やかな音色の弦と、G線という、D線に比べて低い音なのに高周波の多く含まれた独特な音を持つ弦楽器です。この曲でE線は冒頭に明るく出てきます。思い切り弾きだして楽器のC字（くびれている場所）に弓をぶつけてしまったり、弾き終わったら、C字のふちに、松ヤニが真っ白に、くっついていた、なんて経験のある人も多数いると思います。しかし、G線側のC字（いわば逆C字）に松ヤニがくっつくほど弓の手元を高くして弾く人は少ないでしょう。ここがポイントです。G線は、D線より少しだけ弓の手元を上げれば音は出ますが、A線やD線に比べ、かなり広い範囲で弓を動かす角度を作れます。そして、豊かなG線の音色は、手元を高くし、C字に弓が接するくらいだとより充実してくるのです（**写真1→2**）。

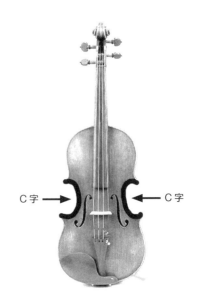

C字 ← → C字

写真1

写真2

　E線は肘を下げ目にしても良い角度が作れ、明るい音が出しやすいのですが、G線に関しては肘を上げる労力も手伝ってか、見落としている人たちがほとんどです。特にモーツァルト時代の作品は、G線の登場回数が少ないだけに、大切にしたい音色です。**古典系の作品でも、現代のシステムの楽器での一番豊かな音色で演奏しましょう。**様式感さえしっかりしていれば、とても良い音楽になります。

　滝さんは、意外なほどの角度の違いに驚かれていましたが、音はずっと良くなりました。「G線上のアリア」を弾いて角度を確立していきましょう。

Case68

　今回はモーツァルトが続きます。麻生重樹さんは第3番の第1楽章でした。肩ががっちりしている彼は、弾いている姿が、とても楽そうです。明るい音です。丁寧さも感じますが、上品すぎるというか、もう少し張り出しの強い音でも良いかな？　と感じました。

● 悩んでいるところ ●

　「右手のことを考えていると、ヴィブラートがおろそかになってしまう。何かと右手を気にして左手がそれ以外のことでもルーズになるのが気になる。」というものでした。右手を楽に動かそうとして左手もフワフワしてしまい強い音が出ないのです。

■不要な音に気づいていこう！

　そして、その事象に関連した重大なポイントを見つけました。彼は、まだ気づいていません。ヴィブラートに関しては、2つ3つのアドヴァイスをしました。そして今はすぐにはできないが、方向性を見つけようとしている様子です。私が気になるのは、そんなところではありませんでした。

譜例1　モーツァルト／ヴァイオリン・コンチェルト 第3番 第1楽章 62 小節目〜

　譜例1は、この曲の62小節目からです。64小節目の2拍目の裏から、A、Gisが16分音符と8分音符で表わされ、65小節目の1拍目に4分音符でA、8分休符、次の音は上へ跳んでDです。

　彼は、休符で次の音が、前の音と高低差が強い場面で、ときどき開放弦が不用意に鳴ってしまう癖がありました。特に、この★で示した8分休符上で、Eのオープンが聞こえてくるのが気になりました。弦から、すべての指が離れてしまってのシフティングだということです。「指をつけたままずらす」というイメージだと、シフトするときに指板にまで指を押し付けながら動かそうとしてしまい、無駄な摩擦を伴ってしまう恐れがあるので、「どれかの指が必ず弦に触れた状態でシフトする」と考えましょう。このほうが、安定するのは確実です。

早速やってもらいました。今度は、音が切れません。スライド音が入ってしまいます。彼は、弓を浮かす代わりに、指を浮かしてタイミングを長年とっていたのでしょう。

この癖は彼に限ったことではなく、結構ハイレヴェルのプレイヤーにも何人かいました。調性によっては不要な、（特にEの）オープンは相当間抜けな響きにもなってしまい、アンサンブル上、大変邪魔な音になります。しかし当の本人は、気にならない。言われるまで気づかなかったり、直そうとしたところで、おいそれとはいかないものなのです。一番の方法は、その音（オープン）は聴くに耐えがたい雑音なのだ、と実際音を出している人が痛感することです。アンサンブルで、同じパートの人たちは、そこで何の音も出していないのだから、隣の人はきっと困っています。

ⒸⓄⓁⓊⓜⓝ・3 ···

「聴く」と「聞こえる」との違い

　当たり前のお話です。音楽は、聴くにしても演奏するにしても、耳が働いていなくては何もできません。聞こえなければ、ひとつの手がかりもありません。こんな大前提を今一度、確認していただき、私の考察をお読みください。

　私が学生のときでした。試験で、グラズノフのコンチェルトを弾くことになり、優秀なピアノの友人に伴奏をお願いして、合奏を2～3度したときに、彼女が「ねぇ、自分の音聴いてる？」と尋ねてきたのです。一瞬、何のことかよくわかりませんでした。そして「聴いているけど？」と返答。彼女は首をかしげて再びピアノに向かいました。

　この出来事は、その後の私の音楽生活に大変大きな影響を与えたのです。結論から言えば、そのとき、私は自分の音を聴いていなかった。

　「自分の音をもっとよく聴いていれば、音程や、リズムに基づく音がもっとまとまり、音楽が鮮明になっていくよ」と帰り道に忠告され、さっそく家で耳を澄まして楽器の音をよく聴きながら弾いてみました。

　初めは、わかりませんでした。ただ「うるさいな」程度です。しかし、ここが肝心だったのです。「うるさい」と思うこと自体が、聴き始めた第一歩になるわけです。

　実は、**それまでの私は音を聴いていたのではなく、音が聞こえていたにすぎなかったのです**。出てくる音の音程を直し、リズムを直せてはいたものの……、ということです。もっと昔の自分は、音程の悪さに「目」ならぬ「耳」をつぶって、どこかで妥協していたことに、そのとき、気づきました。「見て見ぬふり」ならぬ「聴いて聴かぬふり」ということです。

　室内楽やオーケストラとなると、自分の音だけではなく、周囲の音も、どれほど聴くことができるか？　そして聴けるプレイヤーが多いグループこそ、質のよいアンサンブルが期待できるのです。「もっとよく聴いて！」と、私はレッスンのとき、口癖のように繰り返すことがありますが、**自分の音を底の底まで聴くことができて初めて、他人の音も聴くことができます**。自分の音を棚に上げて他人の出した音が聞こえてきて、その音をなんだかんだ意見するのはもってのほかで、トラ

ブルの原因にこそなれ、合奏の完成からは遠ざかってしまうでしょう。

　私の見る限りでは、自分の音を本当にキチッと聴いている人は大変に少ない。『聴くこと』を始めて、聴くことがわかり、聴くことが当たり前になるには、時間がかかります。

　英語のヒアリングに置き換えて考えてみましょう。始め、英語であることは確認できたとしても、単語すら、ろくに聴き取れない。徐々に単語が1つ2つと耳に入ってくる。そしてこの訓練をしていくうちに、何を言っているのか聴き取れてくる。やがて、その文書の意味合いや、文学的な部分までわかってくる……といった具合です。

　耳は、無音の状態から、何らかの物音を察知します。そして例えば、それが鳥の鳴き声であることがわかってきます。もっと耳を澄ますと何羽の鳴き声かわかります。そして鳥を研究すれば、何の鳥かがわかります。楽器も同じことです。もう一度、積極的に『聴く』ことを再確認、実行してみましょう。

Case69

　杉並弦楽合奏団で演奏会をすることになりました。この合奏団は歴史が古く、メンバーも年輩の方が少なくありません。ゆったりとした雰囲気は、2～3年で作られたものではなく、長い時間をかけて自然にできあがったカラーで、日本国内でも数少ない貴重な団体だと思いました。練習の出席率も比較的良いほうで、どこかのパートが一人きりだ、なんていうことはありません。

　グループのポイントチェックも、いつもは一度限りの場合が多く、そのとき出てきた音や作法にスポットを当てていましたが、今回は何度となく行なってきた練習から感じた大切なポイントを説明していきましょう。

＊　＊　＊

　私が指揮を依頼された段階では、もう演目が決定されていました。

- バルトーク／ルーマニア民族舞踊（A.ヴィルナーの弦楽合奏用の編曲）
- ヤナーチェク／弦楽のための牧歌
- モーツァルト／ディヴェルティメント 変ロ長調 K.137
- メンデルスゾーン／弦楽のための交響曲 第11番 ヘ長調

　いつもはあまり演奏される機会の少ない曲ばかりだな、と思いましたが、やはり、プログラム・ビルディングの際、「今までやったことのない曲をやってみよう」との意見を尊重しての結果だそうです。私自身、ヤナーチェクとメンデルスゾーンのこの作品に関しては馴染みが薄く、良い勉強をさせてもらいました。

　メンデルスゾーンは古典的なスタイルの演奏法が要求され、そこに彼独特の優雅なロマンティシズムが介在する若き頃の作品で、当たり前に聴かせるだけで大変難しく、基本的な演奏法プラス、細かい部分でもニュアンスの表現の美しさが鍵を握ります。きちっとしたダイナミックレンジの指示が作品自体に希薄で、それぞれのパートがお互いを聴き合って初めて演奏が生きてきます。ヤナーチェクは、悲しさが漂うボヘミアのすばらしい作品ですが、各声部に、しっかりとした発音の音色が求められ、その中に、ドルチェでスルタストの部分も散りばめられ、その音色を逆に光らせなくてはならないし、場所によってはテクニック的に難度の高い場所があります。

　練習を始めたころ、課題が山積していました。どこから手を付けてよいのか、困ってしまいましたが、さまざまな部分に共通する基本的な音の出し方を説明し、その上で具体的な場所でのフレーズの歌わせ方などをトレーニングしました。毎週一度の練習です。

　全体的に慣れてきて、だんだんと良くなりますが、詰めて練習することができない事情も手伝ってか、以前注意したことを、再び繰り返してしまう、忘れてしまう、ということが多いのです。本当は一度の注意で消化してもらいたいところですが、二度までは我慢しましょう。三度は

言いたくありません。何だか、子供を叱っているようですが、何せ相手は難しい楽器と曲。子供のイタズラとはまったく違いますが、消化不良にしても、**約束事は練習前に、みんなで確認し合う癖を作っていきましょう。**ちょっとしたことで、貴重な練習時間を食ってしまいます。忘れてしまうなら、必ず譜面に書き込むこと。そして皆で出した音が一段良くなっていると消化していくものです。その積み重ねが、良いコンサートへとつながってくるのです。

例えば、「ここはこういうふうに」という指示の手前に同じ場所で「ここは弓を節約して次の音へつなげるように」と説明してあるはずで、その**具体的な指示は、他の部分にも活かされることは、はっきりしています。**「応用」というヤツです。消化すれば、自然と他のフレーズは注意されずに、よい音楽が積み重なって曲の仕上がりに何歩も近づいていくでしょう。

時間のかかる部分もありますが、そのとき注意して、そのときすぐに良くできたものが、次回では元に戻ってしまっているのが一番バカバカしいことです。本番に向けてのテンションは徐々に上がりつつあります。焦って地に足がつかなくなる前に、初期の練習でのケアを考えましょう。この事象は、他のグループでも何度となく出くわしたもので、ここに限ったことでは決してありません。杉並弦楽合奏団は、きっと良い音を出してくれると思います。それはムードが良いグループだからです。若い人たちが中心の合奏団は、達者だけれど、ひとつの音色を創っていくことが難しい。だから特に、このことは気をつけて欲しいものです。

練習中の杉並弦楽合奏団と指揮をする筆者

Case70

　ここから、私が担当している生徒の中の３人に登場してもらうことにしました。彼ら１年生とは、まだ４月からの付き合いで、もう一度、基礎を見直し、固めるためのメニューを、それぞれに用意してスタート地点にやっとたどり着いた——という感じです。すでに、４〜５回レッスンをしてきましたが、それぞれ個性的でセンスの感じられる音楽を持っていることが共通点です。この個性は絶対に殺したくない。

　しかし、ちょっと間違えると、"個性"ではなく"癖"と受け取れる場面もあるので、その辺が教える側としては、難しくもあり、神経を使うところでもありますが、一方、良い音楽と合致した形での表現につながってくれたら、最短距離での熟達ということになる。これは楽しみです。

＊　＊　＊

　一人目の大内耕太君は理数系を目指していたらしいのですが、高校のとき、芸術にかかわっている世界の人々に触れ、今までやってきたヴァイオリンを、きちっとやっていこうと思い、芸術学部を選んだのです。おそらく自分の感性と正直に向かい合った結果でしょう。彼の弾く音は、太めで力強さを感じるものでした。

● 悩んでいるところ ●

　私は、基礎を重視して、今までの楽器の構え方、弓の持ち方を、順を追って直していきました。大内君は、その形になかなか自分が落ち着かないことに、もどかしさを感じているのだそうです。

■基礎こそ感性に訴えて

　ラロのスペイン交響曲第１楽章と、ローデの第４番のコンチェルト第１楽章を聴かせてもらい、彼の今後やっていくべき基本的な課題を作っていきました。主にチェンジ・ポジションを固めなくてはなりません。細かいパッセージは得意とまではいきませんが、ゆっくりと歌うメロディにはメッセージを感じとれます。

　しかし、ポルタメントの多用が目立ち、それが音楽に聞こえるものと、音をつかむための安易な方法との、どちらかになってしまい、先述の"癖"に迎合している傾向にあります。音が跳躍したとき、ポジションという意識は薄れ、指だけが、その地点に行ってしまいます。結果、他の指との関連が薄れ、そのポジションでの音列は音程の不安定なものになってしまうのです。

　セヴシック教本のOp.8 Change position——これはヴァイオリンを習得していくためには必須のドリル集——をやることにし、左右の肘の位置を直しました。ボウイングに関しても、弦に対し、弓がよりかかりすぎていたので、繊細な音が出しにくい。肘の位置で解決に向かいたいのです。

彼は、形がなかなかつかめない、との悩みですが、**自分の出している音の中で、より良い音が出たときのイメージをいつも強く持ち、形と結びつけていくことを勧めます**。その欲求がないと、ただ形から入ろうとしても、またすぐに以前の形に戻ってしまいます。何度となくここでは書いていると思いますが……。

　他の大学と比べてめずらしく、この大学には1・2年生に、ホームルームがあります。「全人教育」という科目のひとつですが、私は1年2組の担任をしています。先日、その時間に私の演奏を生徒に聴いてもらいました。そして、彼も弾きました。ピアソラ、クライスラー、バッハ。とても良い音楽、という印象です。積極的にパフォーミングに参加してきて、物怖じしない様子は好感が持てました。爽やかな時の流れを提供できる資質に今後期待したいものです。

Case71

　二人目の平田紘太郎君は初めてのレッスンのとき、タイスの瞑想曲を聴かせてくれました。安易な指使いで弾いている割には独特な歌心を持ち合わせていることが伝わってきます。彼は、練習曲は嫌いだ、とはっきり言います。なぜかというと、歌えないから。そして歌うと先生におこられた。自分は、歌うのが大好きなのに……と。

● 悩んでいるところ ●

　テクニカルに速いパッセージをこなしていくことがどうしても苦手だ、というもの。もともと、そういった方向に興味を持つよりも、歌って楽器を鳴らしているほうが好きなのだから、無理もないと思いますが。

■練習曲とは音楽も練習する曲集

　それでも、やはり基礎を固めていくうえで、エチュードや、スケールは不可欠なので、やっていくことになりました。私が彼に「エチュードでも歌っていいよ」と言うと「マジすか？」と返ってきた。何か、まるで法でも破るかのように感じている様子です。エチュードには、ダイナミックの指定やテンポの指示（*rit.*とか*a tempo*など）が書いてあります。そんなもの無視して、必死にノン・ヴィブラートで指をパタパタ動かしていた子供のころの自分を思い出しましたが、音楽がつまらなくて実は私も嫌いでした。しかし、**指が困難なエチュードでも、何とか、歌うようにして、音楽的表示を守りながら、伸ばす音にはきれいなヴィブラートをかけようと努力をすると、知らず知らずのうちに、細かい動きも純粋に音楽の中に取り入れたくなり、ポジティヴな気分で練習することが可能になります。**

　教える側としては、生徒がルーズに弾いているが、何やら音楽をし始めている、と聴き取れたら、その音楽を尊重し、その音楽をより美しくするための細かい動き、として必要性を明示することを勧めます。

　もうひとつ、歌心を大事にしつつ、彼には、極力弓は置いてから弾き始めることと、弓の配分に気を配り、弾き始めに使いすぎないことを注意しました。この2つの症例は併発するので、直すときも同時に考えましょう。

ベートーヴェン「第九」考

　この曲の冒頭を聴くと、条件反射で、「今年も、もう終わりか……」「寒いなー、雪が降るかな？」とか、あるいは、ひどい風邪を押して出演した想い出が湧き起こり、症状をリアルに思い出す……という具合です。年末のザワザワした街角、クリスマス・ソングがあちこちで鳴り乱れ、頭の中では、さっき練習した『第九』のメロディーを無意識のうちに追っかけている。私もそうですが、プロのオケマンで50歳前後の人たちなら100回以上、演奏しているのではないでしょうか？　かつて私は、この時期が、あまり好きでないのも手伝ってか、この曲に飽き、頭の中では大好きなベートーヴェンのシンフォニーなのに、演奏すると、正直ウンザリしていた頃がありました。ベートーヴェンのすばらしさは、実は何度聴いても、何度弾いても飽きない、というところにあると信じているのですが、その『第九』シンフォニーですら、ここまでやると飽きるのか！？　と自分の感性にも一瞬自信を失うところでした。そこで、ある『第九』のコンサートで弾いているとき、新鮮さを見つけ出すべく、いつもより音一つ一つをよく聴き、どうして飽きがきたのかを考えました。

　わかりました。ベートーヴェンの時代に指揮者が登場し始めたのは、本当に最後の時期です。彼は、シンフォニーも、室内楽的に作っていたのです。スコアを見ればわかりますが、弦楽四重奏のスコアを見ている感覚で『第九』のスコアを見ると、今よく演奏されているスタイルは、何といろいろと余計なことをしているのか、と思ったのです。

　それと同時に、室内楽では絶対にこうは弾かないだろうと思うほど、弓をゴテゴテと押しつけて、マーラーのシンフォニーの一部のように弾く箇所が1つや2つではない。しかし、これはかつての指揮者の指示の下に知らず知らずのうちにできた演奏の流れで、それぞれのパートのプレイヤーが自分を主張しつつ、アンサンブルを構築していったならば、まず、この方向はあり得ない、と感じたのです。

　ベートーヴェンが若かったころは、まだロココの様式だったわけで、彼は、その様式を踏襲しつつ、その中で新しいものを創造していったのです。それを、音の要求するにまかせて、また、楽器の性能の向上にまかせて、厚化粧になったベートーヴェンの表情は、飽きがきて当たり前だったのです。

　最近では新しい楽譜も出版され、指揮者も時代背景や様式感を踏まえたうえでの楽器の鳴らし方を把握した人が増えてきたので、ストレスの感じない『第九』を弾く機会が多くなりました。やはり名曲です。

ピエトロ・グァルネリ

　私が、このコーナーで何かと取り上げる、弓の動かし方は、"楽器の音に響きと透明感を与え、曲の真の表情を出そう"という考えが根底にあります。今や「脱力系美人」などという言葉が出るほどに、世の中、虚飾を排除しよう、本当の美しさに出会って感動しよう、という傾向でしょう。今年、『第九』を弾く方、歌う方、聴く方、ぜひ、型にはまらず、肩の力を抜いて、新しくて、美しいストレスのない歓喜の歌を楽しんでください。

41

Case72

　三人目となる金子聡子さんは、とても研究熱心です。そして、ひとつのことを脇目もふらず追求していくので、結果を出すのがとても早く、教える側としても、常に新しいアイディアを考え、ひとつのことでもさまざまな方向から説明して納得してもらいます。自分のレッスンの日でなくても、研究室に私がいるのに気づくと入ってきて、指の形や、弓のさばき方などを聞いてきます。先日Ａ線のロングトーンをやり過ぎて、右肩を痛めてしまいました。「肩は上げてはいけない」と思い、じっと動かさずに弾いてしまった結果です。「肩も腕の一部だ」の一言で少し解決した様子ではありました。現在は、モーツァルトのコンチェルト第３番をやっています。

● 悩んでいるところ ●

　シュラディック教本で、指の形を改善しているのですが、手首をまっすぐにと思うと、思うように指が並ばず、良いポイントが見つからない、というもの。これは、私もかつてだいぶ悩みました。大家のビデオを繰り返し見たり、仲間のプレイヤーに知恵を借りたりと。結果、アクションの基本的考え方を理解し、あとは、本人しかわからない指の付き方で、回数をこなすうちに自然と身についてくることが、一番なのだとわかりました。

■小指の上げ下げする筋肉を知っているか？

写真1

　とりあえず**写真1**のように押さえています。良い形を作り、それと同時によく指が上がらなくてはなりません。特に小指の上げ下げは、テクニック上達の大きなカギを握っています。当初、彼女は**写真2**くらいしか上げることができませんでしたが、**写真3**のように、少しぎこちない様子でしたが上げることに成功しました。小指の外側の筋肉を使うことを覚えたのです。そうでないと、手のひら全体で小指を上げ下げすることになります。これはプロのプレイヤーにも見受けられる症状です。まず、これを覚えてから、手首の角度を見てみましょう。絶対にまっすぐでな

くてはならない、などということはありません。人それぞれ微妙に違うものです。彼女の場合は、ほんの少し手首が出た形におさまりました。ほんの少しです。

写真2

写真3

　この形は、シュラディックのときだけ作れる特別な形ではなく、当然のことですが、曲に活かしていくようにしましょう。これが意外に実行されない場合が多いのです。金子さんはモーツァルトのひとつのフレーズに既にあてはめて練習していました。

Case73

　私も含めて大概の楽器奏者は、レッスンを受けた際「家ではできたのに、なぜ先生の前で弾くと、うまく弾けないんだろう？」とレッスン室を後に悔しく思いながら帰った経験を持っていると思います。その原因として第一にあげられるのが『緊張』でしょう。少しでもうまく聴かせよう、と思う気持ちが、苦手な部分で裏目に出てしまうのです。

　そして次に考えられるのは『環境の変化』です。これは思ったより強く影響を及ぼすわりに、皆意外に無頓着です。弾くほうに目一杯ということもありますが、空気を察知したほうが、良い結果が望めます。今回は、このことを考えながらポイントチェックをしていきましょう。

＊　＊　＊

　『モーツァルト・シンフォニー・オーケストラ』の第1回目の本番が、トッパンホールで開催されました。私はコンサートマスターを引き受けており、このポジションで、メンバーとリハーサルを重ねました。本番当日を迎え、ゲネプロ（ゲネラル・プローベ＝ステージ・リハーサル）のときに、サジェスチョンしてきたことを今回はここで紹介していきます。

　先ほどの話に戻ります。今までリハーサルしてきた会場は、客席を持たない一般的なスタジオで、1st.ヴァイオリンの右側に400余りあるはずの椅子と、ステージの何倍もある空間はなく、すぐ壁です。本当は、この壁の向こう側に結果があるのです。

リハーサル会場では、曲を組み立てる作業はできるとして、響きに関しては、憶測に頼らざるを得ない場面が多く、ましてや、我々にとって初めてのコンサートを、初めてのホールでやるわけで「本番会場に行ってから考えましょう」というフレーズは、私も何度か言いました。

　そして本番当日。ゲネプロは14時の開演にあわせ、10時から始まりました。私はかつてこのホールがオープンする前に、トッパンホールの方の「一度音を出してみてください」とのお誘いにヴァイオリンを弾きに来たことがありましたが、とてもクオリティの高い響きの良いホールだという印象でした。

　今回は小さいながらも、"オーケストラ"という編成で若干の不安はありましたが、始まる前の各々の音出しの段階で、少し安心しました。変に響いていなかったからです。

　いよいよ音出しです。プロのプレイヤーたちは、どんなホールでも、いち早く響きを察知してまとめる力を持っていますが、場数の少ないプレイヤーは響きに順応するのに、時間がかかります。このオーケストラは達者ぞろいですが、10分弱の曲の中では響きをつかむことはできませんでした。ホールには残響可変装置がついています。これは側面の壁の部分の羽が、出たり閉じたりする仕掛けで、全開と全閉とでは明らかに響きが異なっているのは、演奏している我々にもわかるほどでした。

　舞台上のセッティングも、いろいろな工夫が必要です。特に演奏現場全体を奥のほうにセットするか、客席に近くセットするかは、大変重要な項目で、一度セッティングした後、もう少し前へ出て演奏してみよう、と思い立ったらオーケストラ全体を1メートル移動させる——面倒な作業だけど気になったら必ずやってみること——そして、その結果を会場でも誰かに聴いてもらい、例えば、やっぱりもとのほうが良かったら、また戻しましょう。こればかりは、やってみないとわかりません。より良い響きがする場合もあるわけですから……。今回の場合も、やってみましたが、オーケストラは奥に入ったほうが、響きは生にならずベターでした。

こんな試行錯誤と同時に、プレイヤーも、このホールの響きを効率良く音楽に結びつけていく弾き方が要求されます。私は、ボウイング・テクニックで、たまに書道の筆さばきを例に取りますが、ここでも、書道の話を例にして説明していきましょう。

　小学生のころ、お習字の練習をする際、半紙がもったいないので、新聞紙や包み紙を使って何度となく「学校」とか「友情」とか書いて練習した覚えはないですか？

　新聞紙や包み紙は、言ってみれば自分の部屋だったり、リハーサル会場です。半紙は先生に提出する、いわば本番会場です。何度となく「学校」とか「友情」とか、新聞紙や包み紙や広告の裏に練習して、とりあえず納得が行き、いよいよ半紙に向かって書き始めると、子供心ながら、他の紙と違って下敷きの弾力があり、紙自体、吸水性が強く、とりあえず１枚目は戸惑って大体失敗に終わります。

　新聞紙などでは、１本の棒を引っぱるとき、少し迷いながらでも、わりとうまくできてしまっていたのに、半紙は墨をたっぷり含んだ筆に少しでも余計な圧力が加わったら、ちゃんとその分、棒は変に太くなったり、滲んだりしてしまいます。

　半紙の吸水性とは、ホールの響きに置き換えられます。この吸水性の良さが、書体の美しさや味わいを表出させる原因のひとつと考えると、筆の代わりに持っている弓の扱いのイメージは、その場にいれば具体化していきます。**不用意に弓に無駄な力が加わったら、ホールには輪郭のハッキリしない滲んだ音がバラまかれてしまうことになり、クオリティの低い音楽表現に終わってしまうのです。**

　書を嗜んでいる人は半紙を見ただけで、その手ごたえは、書く前にある程度想像できるでしょう。ミュージシャンも同じことです。

　ゲネプロでの私のこの話で、幸せなことに音は一段良くなりました。本番では聴衆の方々の吸音体で、いくぶん音がスッキリし、それもポジティヴに作用して結果的に良いコンサートができました。いつもと違う場所で演奏する場合、あわてて楽器をかき鳴らす前に、心を落ち着けて、そこの空気を感じとる気持ちを大切にしましょう。

Case74

　松川　楓（かえで）さんは、アンサンブルをしていて、おそらく、足並みを乱すことなく、妙な主張をすることもなく無難にこなしていくタイプのプレイヤーでしょう。しかし、ともすると音楽表現に対し消極的、ということになり、推進力のある団体では、ついていくのに苦労する、という場面も出てきてしまうかもしれません。モーツァルトのコンチェルト第5番、第1楽章の一部を聴かせてもらいました。

46

■音楽と向き合い、シンプルに。この標語

　ドイツで見たレッスンの現場で、とても印象に残った一コマがありました。そのときの私の先生が、中学生くらいの生徒にボウイングの注意をしています。「Nachdem wechsel langsam!」とまるで標語のように言って、生徒はそれを繰り返して言いました。"ナッハデム・ヴェクセル・ラングザム"と発音します。nachdem＝〜の後に。wechsel＝チェンジ＝切り返す。langsam＝ゆっくりと。という意味で、要するに、ダウンからアップ、あるいはアップからダウンに弓を返した直後は、ゆっくり弾こう、ということです。

　このクラスでは、マスタークラス・レヴェルの生徒は当然わかっていなくてはならないことだし、もっと若い生徒たちは、この通念を常識として取り入れていく姿勢がありました。もちろん、このことは、すべての場面に当てはまるわけではないのですが、今回の曲の冒頭部分（譜例1）にはピッタリの標語です。

　松川さんは、音の後半部分で弓が減速します。そして切り返すとき、戸惑いながらも手前の速度よりも速く弓を動かしています。そして音がつながらず、音楽が切れてしまうのです。**切り返した後、ゆっくり動かすには、その手前に、それ以上の速度がないとできないし、音の響きも要求されてくるので、これは大変わかりやすい標語だと思いました。**

さっそく実行してもらいました。生真面目に、難しく考えている様子で、初めはうまく行きませんでした。「よりシンプルに」のアドヴァイスで、糸口はつかめたようです。

譜例1　モーツァルト／ヴァイオリン・コンチェルト 第5番 第1楽章冒頭

自分の演奏を録音して聴くと、弾いているのと違って、つまらない演奏なんです。何が足りないのか、わかりません。自分ではよく表情をつけているつもりなのに、演奏家のを聴くと同じ曲だと思えないのです。

弾いていてもどんな音を出したいか迷ってしまい、自分の演奏に入り込めません。

何かひとつアドヴァイスいただけますか？　　　　　　　　　　　　　　　　（20歳 学生）

ANSWER

あなたは、その現実に気づき真正面から対処しようとしている。これは大きな成長過程です。

私も経験があります。高校のころ、発表会で弾いた録音を聴いたときは、さほど感じなかったのですが、大学生になり、室内楽を本格的に勉強し始めたときでした。弾いているときは一応納得しているのですが、録音は正直でした。音程から始まり、音楽へ至るまで文字通り、耳を覆いたくなる演奏にショックを受けました。何よりも、自分に聞こえていなかった現実とのずれが残念でならなかった。

しかし、当時はくやしくて仲間には相談しませんでした。そして、先生に打ち明けます。「音程が思ったより低めに、推移してしまうんですが？」「じゃ、少し高めにして弾いたら？」……なるほど。要するに、原因は、はっきりしているが、修正するコツなんてない、ということなのです。

なんて冷たい答え、と思ったのですが、その原因とは、「音を聴いていない」。答えは「耳をかっぽじって自分の音をよ〜く聴いてみろ！」という、今回のテーマです。

もうひとつ、あなたの引き出しをもっと増やしていくために、積極的にレッスンを受けましょう。専門家を検索して、レッスンの予約を取り付ける能力も、熟達の才能の一部。

プロの演奏家と渡りをつけるのは、案外簡単です。美学に共通点があるわけですから、話の中で、すんなりと「ワン・レッスンおいくらですか？」などと聞きましょう。

Case75

　前回ご紹介した、ドイツで聞いた標語の話を補足する形で、このコーナーを今回は進めていきます。標語は「Nachdem wechsel langsm.」（切り返したあとはゆっくりと）です。これは弓の話でした。北島範子さんは、合奏のリハーサルの休憩中に、右手の問題で私のところへ来ました。

● 悩んでいるところ ●

　このときは、何かひとつの曲を弾いて聴かせてもらうことが時間の都合で無理でしたが、彼女の思っている問題は、基本のA線におけるロングトーンでの弓の運び方全般でした。5～6往復弾いてもらいました。慎重に動かし、しかも余分な力を入れないように努めている様子でしたが、音楽表現とストレートに結びつく動きがよくわからず、模索していました。

■切り返したあとはゆっくりと

　このドイツで聞いた標語は、弓を使っていき、ダウンなら先のほうで減速し、返したときに速く動かしてしまう癖を直す大変的を射た表現ですが、実はメカニックとして冷静に解説すると、**弓は等速で返すことが基本**なのです。しかし、人は等速にと思いながら動かしても、慎重に返そうと思うと、どうしても失速し、返した後、音の頭をしっかりと、と思う気持ちも手伝って滑ったように速く動かしてしまうものです。

　そうは言え、人間はロボットではありませんから、あらかじめ予測したスピードで等速度を保ち、ロングトーンをすることは不可能ですし、その動作を目指している人を見るとき、私はそれをやめさせます。

　具体的には、弓をシンプルに4等分すると図1のようになりますが、実際の弓の機能から考えると図2の配分のほうが、理想的です。イメージとしては1拍目と4拍目は同じ弓の量ですが、その量は、2拍目、3拍目の2倍の量を使う感じです。

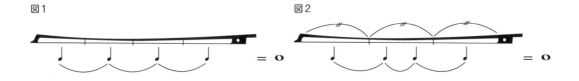

図1　　　　　　　　　　　　　　　　　図2

　もうひとつの考え方は、弓のスティック（木の部分）と毛が接近して間隔が狭くなるにしたがってゆっくり動かす、というもの。これも結果としては前述のイメージになります。加速、減速はスムーズでなくてはなりません。拍ごとに、ガクッと速度が変わることは絶対に避けましょう。

北島さんは、新しいイメージを具体化すべく実行しましたが、4拍目に弓を多く使うと、返した1拍目は、もっと弓の量が多くなりがちでした。なるほど、「返した後、ゆっくり」とは物理的に正しい方向に持っていくために、人が陥（おちい）りやすい動きを見事にカバーした表現だったのです。

　先ほどの話とリンクさせましょう。ロングトーンは、冗長で退屈と思われがちですが、音をいかに聴いているかが、成果の達成度に影響してきます。耳を使わず、弓の配分を図式的にこなしていれば、いずれ上達する、という考えはナンセンスです。確かに、さまざまな情報を理解しようと思いながら手を動かすことは、ついつい耳をフル回転することを忘れてしまいがちですが、初めはすべてを同時にとは思わず、耳と手とへの神経を交互に使っていきましょう。北島さんへも、よりしっかりとした運弓の達成へ、焦らず、じっくり取り組んでもらい、音楽表現への結び付きを期待したいものです。

Case76

　半年ぶりに神奈川フィルへ行きました。すると、以前、体の調子を悪くして長期休団をしていた澁谷貴子さんが復帰し、とても元気そうに合奏に加わっていました。お互いプロのプレイヤーとして、さまざまな意見を交換し合って仕事をしてきた仲間で、今や神奈川フィルの中枢的存在なだけに、今後もヴァイオリン・セクションの充実に一役も二役も買うことになりそうです。リサイタルなど、ソロのコンサートもこなしてきている彼女なので、復帰へのアプローチも入念です。私からの2、3のアドヴァイスも、事細かく真摯（しんし）に受け止めて消化しようとしている様子でした。このコーナーに出てくれないか？　との要望に、読者の方々のために何か役に立つことがあれば、と快く承諾してくれました。

　一番問題なのは、現場から遠のいていた分、体力が落ちてしまっていること。わずかだけど左手の勘どころがくるっているようで、小指が以前に比べドライブしないこと、だそうです。シュラディック教本の第1巻の第2番（**譜例1**）を聴かせてくれました。

譜例1　シュラディック教本／第1巻第2番

図1

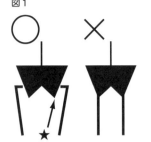

■　体力減退＝テクニック見直しのチャンス！──

　大抵、体力が落ちたと感じるときは、大きな筋肉（背中や太股）が疲れやすくなったときです。彼女も、座っていてお尻や背中が疲れる、と言っていました。私もかつて入院したことがありましたが、高々10日間程度の入院でも、本調子に戻るのに20日間位かかったことがあります。疲れはやはり足腰でした。

　人が腰掛けているときの比較的多くある勘違いで、足の上に胴体が乗っかっているというイメージ。このように感じると、足に無駄な力が入ったり、腰が後方に逃げようとしたりするので疲れます。背もたれに、もたれないとすぐ疲れる人は、この傾向が強いと言っていいでしょう。長く座っても疲れずにいられるプロ・プレイヤーは、自然と座り方のメカニズムが良い形で体に入っている場合が多いのですが、体力が落ちた場合での再確認で、彼女へアドヴァイスしました。

　腰掛けているとき、胴体は足の上に乗っているのではなく、骨盤の下の出っ張りで支えられていて（図1・★）、足は骨盤の側面に付いているのです。ですから、足はバランスをとる程度で、それ以上の力は必要なく、立ち上がったとき初めて、両足に体重が移動するわけです。澁谷さんにやってもらいました。「あっ。そう言われれば、そうですね！」と再確認。もともと出来ていた人は、意識を呼び起こすだけで、すぐクリアです。

　次に、左小指の問題です。体力が失われたと感じるのは大きな筋肉でのことですが、小さな筋肉（というか、筋＝スジ。肉という存在では感じにくい）は、以前一つ一つ独立していたものが、隣の筋と連動しやすくなってしまうことで、「体力」というよりは「切れ味」が悪くなった、という感覚です。見てとれる現象としては、彼女の場合、若干小指の甲側の付け根が、小指の上げ下げに伴い一緒に動いてしまうことです。しかし、これはハイレヴェルの人にのみアドヴァイスができることで、かつて長年指を鍛えた人ならスムーズに解決していける余分な動きですが、これから筋を作り、形を固めていこうという人は、この動きをあまり気にしないほうがよいです。

写真1

　写真1は、澁谷さんの手の形です。この形から小指を上げると薬指にくっつきがちになるので、小指を上げるときに、矢印の方向へ上げる意識を持つことを勧めました。すぐにできました。一瞬、小指のルートを忘れていたにすぎなかったようです。

　ただ、このときに気をつけないといけないのは、**端から見てもわからないことで意外と重大な合併症に、親指の問題があります**。アマチュア・プレイヤーのほとんどの人たちは、この症状です。それは**ネックをギュッと押さえている**こと。弦を押さえている指の形を直し始めると、この傾向はますます強くなるのですが、マルシュナー教授に教えてもらった面白い解決方法を紹介しましょう。

それは**写真2**のように、親指を手のひら側に巻き
込んで構える方法です。指に必要以上の力が入って
いると、親指の関節がネックに押しつけられて痛く
なります。適度に軽く押さえたときの、やわらかい
音色を見つけることもできます。当然のことながら、
実用には適しません。補足すると、普通に構えてい
るときに、常時軽く押さえていることは無理で、場
面ごとに力の強弱を作る。要するに、最低限の力で
はあるけれど、ゼロということはあり得ないのです。
しつこいようですが、これもハイレヴェルでのヒン
トで、「実行してはみたものの、痛くて仕方がなかっ
たからダメだ」とは考えないようにしましょう。私
も、ときどきバランスを崩しそうになったと思った
らやってみて、痛みを感じ、指を整頓することがあ
ります。

　シュラディック教本も大変優れていますが、より
集中してファンダメンタルトレーニングをするな
ら、クロイツェル教本の第9番（**譜例2**）を勧めま
す。小指を作りたいなら、指使いを1－3－2－3
ではなく、2－4－3－4の場所を多くして実行し
ましょう。

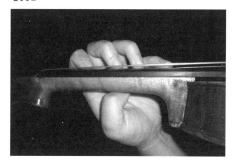

写真2

写真3

写真4

譜例2　クロイツェル教本／第9番

　澁谷さんとはリハーサルの合間に時間を作ってや
りとりをしましたが、このときの演目にはピッツィ
カートを多用する曲が何曲か含まれており、中には
弓を置いて丸々2ページ、ピッツィカートだけの曲
もありました。「何かもっといい音出ないかな、と思
うんだ」我々の仲間では、よくある光景です。休憩
時間の立ち話。これもついでに紹介しましょう。

　通常、**写真3**のようにしますが、指の肉の接点を
より多くして、やわらかく響く音を目指すならば、
人差し指の親指側の肉を使ってはじく方法がよいで
しょう。イメージとして、**写真4**のように手のひら
を外側へ向け、肘を高めに構えます。**写真5**が実行

写真5

中の形。少なくとも、指と弦の接点がしっくりこなくて「ペン！」といやな音が出てしまうことは、まずなくなります。

　澁谷さんは、秋ごろには完全に復調すると感じました。かえっていろいろな点を見直すきっかけにもなり、今後は脱力も、よりスムーズに展開していくと思います。

◎◎◎◎◎◎ · 5 ···

本当の楽しさとは？

　仮に指導者をＡとし、生徒をＢとします。ＡもＢもアマチュアの場合、例えば部活やサークルの先輩が後輩に教えたり、家族同士で教えあったりなどは、このパターンが多いでしょう。次にＡもＢもプロの場合、例えば、プロ・オケの先輩が、新しく入ってきたプレイヤーにダイナミックの変化のさせ方や、弓の裁き方を教える。また、リサイタルが近づいてきた頃に最終チェックのため、演目を仲間に聴かせ、フィードバックしてもらう、などです。

　しかし、ほとんどの場合、ＡがプロでＢがアマチュアということになります。「あんなに私を怒って。先生は弾けるに決まっているんだから、自分と一緒にしないでほしいよ」なんて愚痴は、大昔からの古典的なものでしょう。ものの言い方や態度は千差万別で、おっかない先生、優しい先生、さまざまですが、今、できていないことを注意し、説明するのがごく自然で当たり前のレッスンと思うのですが、そこの見極めが大変難しい。

　ある生徒は１週間に１日１時間の練習で、さっさとエチュードを仕上げてくるし、ある生徒はコツコツ練習しても、なかなか仕上がらない。そこで先生は「どうして、できないのか？」と考えます。怠けてきたわけではない努力型と、実は、さぼっていた無気力型とありますが、一生徒が、そのレッスン日までは努力型だったか無気力型だったかは、長く付き合ってみないとわかりません。注意の仕方も、強く言うと悔しくて頑張ってくる子、逆にへこんでしまう子、日によって違う子、と対応を調整するでしょう。見極めは難しくても、プロの指導者としては当然の配慮なのです。

　ときには、年輩のアマチュアを教えることもあります。

　ある地方のことでした。弦楽合奏団をトレーニングしていて、私は、まだ充分でない箇所を拾っては、弾き方や、そこの音楽を教えていったのです。もちろん、１日２日では直らない場所もあり、それを言い出したらアマチュアでは実現が大変困難な表現も、不可能な部分もあります。それを居丈高な態度で要求するのは、プロとして、グループの実力を把握する力が足りていないこと、また人間として未成熟であることをその場で発表しているようなものです。あくまでも楽しみでやっているわけですから……。私も注意に随分と気を使いながら、しっかり、強くトレーニングしました。

　練習後に、チェロの人が私のところにやってきて、「大変感動しました。ありがとう」と言ってくれました。正直戸惑いました。無理な要求と、不機嫌で終始したトレーナーが来ているのかと思

いきや、高名な方々が教えているのです。

　よく話を聞いてみると、何しろ辛辣なことを言ってくれない方が多い、ということでした。「すばらしい」「ブラボー」と、ずっとおだてられて所在なくなるばかり。「どこか直すところは？」と聞いても、「それだけできれば充分ですよ」と返ってくる。プロから見て、絶対そんなわけはないのに、「あきらめられているんだ」「やっている音楽のレヴェルが低すぎるんだ」と、かえって自虐的にならざるをえなかった……と言うのです。きっとその先生は、無理な要求と、それによって生じるストレスやプライドに傷をつけるのをお互い避けたかったのでしょう。その場を楽しく終わらせたかったに違いありません。しかし、これは、教える側の無気力……ということになるのではないでしょうか？

　音楽に寄せる熱い気持ちは、プロもアマも関係なく同じもの。そのグループが今日よりも明日、少しでも良くなるのを願って、はっきりと注意し、実現に近付ける水先案内人がプロとしての使命でしょう。

　不自然なプライドを持っているプレイヤーは、これから先の時代、プロ・アマ問わず、どんどん排除されていく傾向になることは確かです。そのほうがリラックスした自然に明るい音楽現場の実現が可能になり、クラシック音楽の入り口の間口が広くなる、裾野も拡がっていく、と私は考えるのです。

Case77

　1歳のお子さんを連れてのレッスンでした。とてもおりこうで、ベビーカーで静かに眠ったあと、目がさめても泣かないで、じっとレッスンを見ていました。この子だったら、家でも練習時間がとれます。（レッスンにも連れてこれますが、中にはあまりのやんちゃに、楽器演奏は無期延期を余儀なくされるお母さんたちも、たくさんいます。）この子の性格は、親譲りなのかもしれません。橋本和子さんの聴かせてくれたメンデルスゾーンのコンチェルトも、神経質でなく、穏やかなものでした。

● 悩んでいるところ ●

　よくある悩みです。それは、どこが問題なのかよくわからなくなってしまった、というもの。コツコツと練習し、レッスンを受けて注意されたことを直すべくまたコツコツと練習し、そしてレッスン。しかし、これでは受け身すぎます。

■肩の位置の前後ってわかりますか？

　彼女の先生は、前巻『目からウロコのポイントチェックＩ』のCase50でも紹介した札幌の杉田幸仁先生です。彼の生徒はみんなきれいにきちっと演奏するのが特色です。橋本さんは、その指導にシンプルに従っているのですが、プラスアルファを自分の中から作り出していこうと、もう少し強く思ってみることを勧めました。具体的にテクニックの点で改善することは、右手が縮こまっていて、弓を大胆に使えないことです。とはいえ、その原因は人それぞれ、十人十色。橋本さんの直したい場所は、肩でした。

写真1

写真2

　肩は、手の一部と考えないと、何とも中途半端な存在になります。ですから、手には、肩、肘、手首という三大関節がある、と考えましょう。そして、この関節がバランス良く働くことによって、スムーズな動きになるのです。楽器を構えずに普通に立っている状態での肩の上下は、誰でもできると思います。では、肩の前後はどうでしょう？　一瞬考えないとできない人は多いはず。橋本さんもそうでした。そして彼女は、演奏しているときは無意識に肩が前方に出てしまってい

ます。特に先弓のときに、より前方に出ます（**写真1**）。肩の上下は、自然に行なわれる分にはいいとして、前後はボウイングの軸が毎回ブレることになるので、肘の屈伸に不自然さが出て、音が消極的になります。自然な形（**写真2**）とは、（体は動かしていないのに）これほどの差が出てきます。これは、曲を練習しながら直すよりも、A線のオープンのロングトーンで直しましょう。坊やが手を叩いています。彼の肩の位置が一番良いので、さわって確認するのも方法です。必ず伸び伸びとした音へ変わっていくでしょう。

 質問コーナー

　小学校4年生の娘なのですが、ヴィブラートをかけると、ヴァイオリンのことがわからない私でも、響きが悪くなることがわかるのです。それは現在師事している先生からも指摘されました。使えるヴィブラートもあると思うのですが、ものによっては、フレーズが途切れてしまう、音楽的でなくなるように思います。

　ヴァイオリンを始めたのは幼稚園の年長組のときからです。最初は遊び程度のつもりでしたが、小学校2年生から本人が本気になり出して、将来は音楽大学にも進学させたいと思っています。

　現在、カイザーの3巻、セヴシック、音階練習、曲はヘンデルのソナタなどをやっています。

ANSWER

　きちっとしたカリキュラムの中で勉強していると思います。しかし、ヴィブラートに関しては、なかなか、このレヴェルだからこのくらいできる、という考え方は困難で、逆に基礎はできていないのに、ヴィブラートだけは美しい人もいるのです。

　私は、ヴィブラートは「心の振動」だと信じています。自分の音をよく聴き、より美しい音のイメージを心に描けないと上達しません。気持ちのあとからついてくるテクニックなのです。ですから、ヴィブラートは、音階や、セヴシックと同列に論じることは難しい。

　今、実行して一番効果が現れると思うことは、カイザーやヘンデルのソナタを、より音楽的に演奏することに重点を置き、求める音を探りつつ、無理なヴィブラートをせずに練習させることです。ある日、ひとつの振動でも、キラッと光る音が出て、それが糸口になっていくでしょう。

Case78

　榎戸寧子さんは、Case76に登場してもらったヴァイオリニストの澁谷さんの生徒です。とても気持ちが安定しており、落ち着きのある人で、それでいて反応が早く、的確に問題をまとめていこう、という様子が伝わってきます。

　教える側としては大変効率よくレッスンを進めることができるでしょう。この日はオペラ公演の初日で、ポイントチェックは澁谷さんの立会いの下で、会場の一角で行ないました。オーケストラの他の楽器の音などがときどき聞こえ、また本番前の何ともザワザワとして慌ただしい中、落ち着いて、モンティーのチャールダーシュを聴かせてくれました。

● 悩んでいるところ ●

　きれいに歌いたくてヴィブラートをかけようとすると、手がこわばってうまくかからない。ヴィブラートに限らず、左指がなかなか、なめらかにならず、コントロールのしにくさに問題を感じる……というものです。

　この問題は、大抵のプレイヤーが、必ずかつてぶつかったことのあるものですが、生真面目な人に、特に多いケースです。

■歩くときは余計な力が入らないはず

　力を入れて弾いていて、いつか疲れて休んでしまい、「なぜ、こんなに疲れるんだろう？」「何とか力を入れずに弾けないものかな？」もっと言えば「いかに楽に、サボりながら弾き続ければ、疲れずにすむのかな？」と人は考えていきます。

　しかし、真面目な人は「疲れるのは自分が力不足だからだ」という考えのほうが強く、気がつくと、だいぶ無駄な力が入っているにもかかわらず、弾き続けていることがあるのです。私は幸いにして？　サボリ屋のほうだったので、楽に弾くための研究に若いころから熱心でした。

　榎戸さんは、真面目人間の部類です。チャールダーシュの前半、ゆっくりとした部分を、自分のアイディアで、きちっと歌い、いろいろな表現も試している様子でした。しかし、指が指板にめり込まんばかりに力が入っています。指の形を直してみようと思い、指をさわってみると、それを抵抗しているのではないか？　と思うほど、指に力が入っています。「硬いから、もっと力を抜いてみて」と言っても、「えっ？」と本人は自覚がうすいようで、ピンと来ていないし、やわらかくする手だてが見つかりません。

　ヴァイオリンを初めて手にして、その難しさにショックを感じた人は数知れずだと思いますが、ショックが一番大きいのは、弦を押さえる左指がグラグラして、まったくつかめないことでしょう。今回は、この事象を人間の歩行に例えて説明します。

赤ちゃんが少し大きくなって、はいはいから、伝い歩き、そしてヨチヨチ歩きになる過程で、辛そうにしている場面は見ません。子供のヴァイオリン熟達も、そんな感じに見えます。しかし、大人は、結果を出そうと焦ります。そして余計な力が入るのでしょう。

　仮に2本足で立ち、歩行することを、初めてしてみようとする人がいたとします。きっと初めは立てないでしょう。そして力を入れて立ち上がったとします。グラグラするので膝を曲げて、スタンスを広くとって立ちます（バランスを失った酔っ払いを思い出してください）。なんとか立てた！　そして歩いてみます。転ばないように足に力を入れて、相変わらず膝を曲げてヨロヨロと歩き出しますが、慣れないだけにバランスが崩れやすく、足に力が必要なので、すぐに疲れます。そこで気がつくのは、膝を必要以上に深く曲げたら疲れる、ということ。しかし、膝を伸ばしていくにはバランスがもっと大切になってくる。

　もう、おわかりですね。床は弦や指板、足は左指、膝は爪に一番近い第1関節に置き換えて考えてみましょう。

　街を、転ばないようにスタンス広めで、膝を曲げてノシノシと歩いているのを、端から見たら滑稽_{こっけい}ですね。仮に、だいぶ速く歩けるようになっても、カッコ悪いことは確かです。ヴァイオリンの場合は、表向きのカッコ悪さは見えて来にくいですが、明らかに、音がボッテリしてきて、ヴィブラートはかかりにくくなるのです。

　力を入れて膝を曲げて歩いている人に、試しに、膝をピンと伸ばしきって歩いてみることを勧めたとします。実際、この歩き方も滑稽ではありますが、足は幾分_{いくぶん}楽だと思うし、どうしたって自然に、ある程度軽く膝は曲がるでしょう。

写真1

写真2

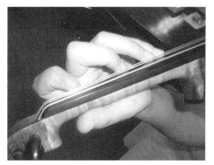

　榎戸さんは指を立てようという意識か、**写真1**のように第一関節が強く曲がっています。見るからに力が入っている様子です。そして彼女にとっては、意外なほど、指を（膝を）伸ばした形が**写真2**です。とても自然に見えるのです。妙な言い方をするとすれば、力が入りにくい形なのです。この形が実行しやすくなり、曲を弾いているときに作れるようになってくれば、音楽に対する気持ちが始めから充実している榎戸さんは、やわらかい音や、軽やかに動く指、良いヴィブラートも可能になっていくでしょう。

Case79

　鈴木奈津子ちゃん（8歳）は、私の仲間のプロ・プレイヤーの生徒です。無駄な音がなく、きちっと演奏しており、耳の良さが感じ取れました。曲はヘンデルのソナタ第4番を聴かせてくれました。

● 悩んでいるところ ●

　第2楽章において、どうも気がつくと急いでいて、最後には手が硬くなって転んでしまう、というものです。しかし、これ以外にも彼女が気づいていない部分で直すことがありました。こういうことは意外によくあります。問題視している部分に気を取られるせいでしょう。しかし、先生の指導の仕方が良いらしく、呑み込みは抜群に良いほうでした。

■楽器を構える前に……

　まず、第1楽章から弾いてもらいました。澄んだ音を持っています。音程も的確でした。ですから、聴いている側としては、ちょっとしたピッチの狂いも直して欲しくなるのです。今回はトリルのピッチについてチェックしてみましょう。

譜例1　ヘンデル／ソナタ第4番第1楽章

　譜例1は、このソナタの第1楽章、冒頭部分です。早速3小節目の2拍目にトリルが出てきます。A音にトリルが付けられ、この調では、H音を押したり離したりするのですが、聴いているとH音が、とても低く響いてきました。試しに、彼女にゆっくりトリルをさせてみると、正しいH音を押さえています。

　実は、トリルは、指を速く動かさなくてはならないので、上の音は強く指板にまで届くほど押さえていません。指と弦との接点は、とても少なくなるのです。実際、上の音を、トリルしているときくらいの力で、軽く指を弦の上に置いて（ここではH）弾いてみると低くなります。

　この事実を踏まえた上で、**きちっと押さえた場合は、高めのピッチに設定して、指の形を作りましょう。**ここではCに近い高いHです。やってもらいました。華やかな、きれいなトリルが即

座にできました。半音のトリルの場合は、半音が広めでも、トリルをするとちょうどよい音程に
なる、というわけです。

　第2楽章です。どんどん速くなったり、逆に遅れてしまったり、という症状は、拍子感を持た
ずに演奏してしまっている場合がほとんどです。特に4拍子では、4拍目がポイントになります。

譜例2　ヘンデル／ソナタ第4番第2楽章

　頭ではわかっていても、具体的な動作となると案外難しい。試しに楽器を持たず、曲の頭から
口で歌いながら、4拍目にだけ手拍子を入れることをさせてみました（**譜例2**）。うまくいきま
せん。これができずに、楽器を弾くときに拍子感のある演奏は望めません。せっかく、きちっと
練習しているのに、もったいない。楽器を構える以前に、このようなことを整頓しておけば、余
計な力を入れずにスムーズに練習がはかどるでしょう。ソルフェージュの重要性を再確認する
チェックでした。

Case80

　出宮治子さんは学生のころ、音楽を専門に勉強していたので、ソルフェージュ的な部分では、まったく問題を感じません。今年になって新しい楽器に買い換え、気持ちも新たにアマ・オケで楽しんでいこうと思っているのですが、大変謙虚な人で「私なんか、とてもとても……」というタイプです。

● 悩んでいるところ ●

　オーケストラで弾いていても、何しろ邪魔にならないように、といつも考え、うるさく弾いて迷惑をかけないようにと、こぢんまりと音をまとめてしまう、というもの。しかし、いつしか、これでいいんだ、と妥協してしまったと思われます。クロイツェル教本の第8番を聴かせてくれました。

譜例1　クロイツェル教本／第8番

60

■もう一度、弓との対話を確認！

　この曲はいろいろなデタッシェを習得するのに適した曲です（譜例1）。E Durで、音程面で言えば、例えば1st.ポジションで、D線のG♯、A線のD♯が高い位置の3の指ですが、これが皆、低めになってしまう難しさなどがあります。しかし、彼女は当然のように音程はクリアしていました。新しく手にした楽器は、新作のイタリアンです。明るく張りのある音がします。以前までは、古く傷の多いフレンチを使っており、音色は良いが、張りが弱かったそうで、その影響もあるのでしょう。決して強く弾こうとはしません。丁寧に指を使いながら運弓しています。「うるさいと迷惑だから……」が思い出されますが、率直に言えば、**遠慮がちに、おとなしく座って弾いているほうが、迷惑**です。音楽に参加することのほうが、大切だからです。

　前巻『目からウロコのポイントチェックⅠ』のCase56でも説明したことがありますが、弓は弦の上に置いてあり、弓に圧力がかかり、それが解除されたときに音が出るわけですが、そーっと丁寧にこすったら、音の出はクリアでなく、音が響きに変わっていく段階で、逆に薄ぼんやりとした音が残ってしまいます。

譜例2

写真1

こんな方法を紹介しましょう。

まず**譜例2**のようにD線のオープンを中弓で毛を全部つけて（弓を傾けないで）**写真1**のようにいつもの持ち方で弾いてみます。（出宮さんは弓の持ち方がとてもきれいです。持つ形が今ひとつわからない人は、この写真を参考にしてください）

弓の木と毛の関係がチグハグでした。指の不必要な動きが、かえって良くないのです。

写真2

写真3

次に、**写真2・3**のように、無造作に握ってもらい、弾いてもらいます。音と音との間に隙間（すきま）ができないようにすると、木と毛が近づいたり遠のいたりし始め、弓が何かメッセージを送り出します。指での小細工ができない状態にして、弓は初めて何かを言ってきたわけです。この音をよく聴いて、また**写真1**の持ち方に戻してみましょう。そして握っていたときに出ていた音を出してみるのです。きっと親指をもっとしっかり当てていないとダメだろうし、指を無意味に動かしていることに気づくはず。出宮さんも気づきました。音の輪郭（りんかく）ははっきりと出て、音の中身は響きのある押さえつけていないものに変わっていきました。

これだけ弾けるのに憶して存在を小さくしてしまうプレイヤーもいれば、練習もせずに雑音だらけで本当に迷惑なプレイヤーもいます。オーケストラは本当に難しいところです。

Case81

網 信岳さんは背丈もあり、手足も長く、指にも恵まれています。体も硬そうには見えません。物静かな性格で、自然とキチッと演奏しようというスタイルが、比較的、楽に身に付いたと思います。

● 悩んでいるところ ●

具体的にうまくできない場所を持ってきました。ヴィターリのシャコンヌの159小節目から161小節目にかけて（**譜例1**）の高い音へのシフティングです。この場所は有名な難所ですが、考え方を変えることによって、何かが見えてくるはずです。

譜例1　ヴィターリ／シャコンヌ159小節目〜

■チェンジ・ポジションは立体的に

弾いてもらったところ、高いポジションに早いうちから上がっておき、安全性を高めるような、**譜例2**の指使いでした。急ぎ気味で音は硬く、ヴィブラートの余裕は当然ありません。運が良ければ当たる、といった感じです。指板上を二次元の世界にとらえ、ワープでもできたら、それが完成、という雰囲気でした。しかし、この考え方とヴィターリの要求している音楽とには、あまりにも隔たりがあります。この曲をご存知の方は、頭の中で歌ってみてください。音が大きく飛ぶときは、下の音からジャンプするイメージがありませんか？　音楽の自然な流れを考えれば必ずそうなります。

譜例2

体の動きは、音楽と密接な関係があります。だからといって、足でジャンプしてシフティングなんかできるわけはありませんが、左腕をうまくジャンプさせて上の音をグリップしましょう。これは楽です。目的地へ、平地に吸い付くようにバイクで、すっ飛んで行って急ブレーキをかけ

るより、グライダーのようにフワリと上がって目的地を楽に確認し、ストンと地上近くで飛び降りれば、確立はかなり高くなります。

譜例3

実際にやってみましょう。指使いも楽なものに変え（**譜例3**）、下へ降りていって、**写真1→2→3**と動きます。全部の指が弦から離れるのは禁じ手です。1の指はA線上を滑（すべ）っていきます。楽器も一緒に動くので、楽器だけに目をやると二次元だと思ってしまいますが、床の平面に対し、明らかにグライダーの離着陸の弧（こ）を左手は描いています。はじめからピタッと取れるわけではありませんが、**何度も楽にあせらず練習すれば、良い音で、かなり確率も高く、何よりも、音楽的に演奏できるという利点があります。**この曲のこの部分は顕著な例ですが、さまざまな曲の中で、頻繁（ひんぱん）に出てくるシフティングにも必ず応用できます。チェンジ・ポジションの原理とも言えます。網君は、運動をあまりしない、ということだったので、今後はできるだけ日常生活でも体を動かして、この物理現象を体で覚えていくことを勧めました。

写真1

写真2

写真3

「上がる」ということ

　楽器を演奏するにしても、歌を歌うにしても、演劇をするにしても、舞踊をするにしても、常日頃の練習やレッスンは、いずれ人前で発表するために重ねていくものであります。もちろん、自分だけで楽しむ人もいるでしょうが、ほとんどの場合、何らかの課題を持ち、いわゆる「本番」というものに向かっていくものです。総じて「パフォーミング・アーツ」などという単語でまとめられる時間芸術には、人前で何かをしなくてはならない非日常的要素が必要となるのです。

　そして、そこに大袈裟な言い方をすれば、ドラマがあります。誰だってうまくやりたいし、失敗したくない、と思うでしょうし、失敗したらどうしよう、恥ずかしくて死んでしまうのではないか？とまで考えてしまうし、あの人よりうまくやりたい、意外にヘタクソだったと思われたくない、とも思うことがあるでしょう。これは、少しでも自分を良く見せようという人間の欲から発するもので、邪悪な人間の業……と分析することも可能ではありますが、では逆に何のテンションもないステージは多くの人を感動にまで運んでいけるのでしょうか？

　真の巨匠と言われるアーティストが長年の経験を積んできたパフォーマンスは、すばらしいものに違いありませんが、あの無重力的自由さと我々とを比較されたら、たまったものではありません。本番の恐怖があればこそ、前もって練習を重ねて何とか本番を切り抜け、上達していくのです。「上がらない」と言っている人の中には、きちっと自分をコントロールして「上がらない」のではなく、「上がっても平気」という人と、基本的にテンションが低くステージ上でもルーズ、の２通りがあるように思います。上がるのは邪悪な人間の業ではなく、非日常の場に送り込まれた際の、恐怖に対する防衛本能だと解釈したほうがポジティヴでしょう。

　卒業、入学のシーズンの春は、芸術系の学校では卒業演奏会、入学試験等、やたらと本番が多いシーズンで、私が見た限りでも、さまざまなドラマがありました。ステージの袖では、きれいなドレスを着て出番を待つ生徒が緊張のあまり、ずっとうつむきっぱなしだったり、ステージから戻るやいなや、ホッとしたのか泣き出してしまう子、スキップしながら帰って行く子、次の出番の子を力付ける子、出番のだいぶ前から袖をひっきりなしに出入りする子……私にも経験が何度もあるので、彼らの気持ちは、いやというほどわかります。いまだに、リサイタルやコンチェルトの本番直前の袖で「はい、ではよろしくお願いします！」のステージ・マネージャーの掛け声は、身が引き締まる緊張の一言です。

　「先生！　上がらないで、落ち着いて弾く方法を教えてください」と、何度となく質問されたことがあります。今回は、その答えを紹介しましょう。

　結論から言ってしまえば、そんな方法はない、ということ。しかし、これではここで話が終わってしまいます。分析しましょう。

──「上がらないで……」ではなく、
　「上がっても」と考えること──

本番でより良い演奏をするために考えた、私のアイディアです。

①上がらないようにと考え、ハイになって人とベラベラしゃべっている人を見かけますが、今の自分の気持ちから、その瞬間だけは逃避できても、ステージではしゃべれません。現実に立ち返ったとき、もっと怖い思いをします。静かにしていましょう。

②私の経験では、煙草はお勧めしません。私の場合は、かえってドキドキしました。

③個人差はありますが、食事は1時間前には済ませておきましょう。食事後は血液が胃に集合し、頭の冴えがなくなり、手も冷えやすくなります。緊張のあまり、食事が喉を通らないこともります。イタリア人はコンソメスープを持ち歩くと聞きましたが妙案です。私は牛乳を勧めます。食べるとしたら、米、パン、パスタなどの炭水化物やバナナがよいでしょう。スタミナが付きそうだからといって、ニンニク付きのサーロインステーキを直前に食べても、元気が出るのは明くる日になってからで、かえって胃がもたれるだけです。

④前日の熱いお湯の長風呂はやめましょう。体力もある程度消耗してしまいますが、筋肉の疲れが出てしまい、当日、だるさが残ったことがありました。これはスポーツ選手が試合の前日に気をつけることだとも聞きました。

⑤前日、眠れないときは、軽いストレッチ（大きな筋肉の）と牛乳を飲むことで、解決できることがあります。

⑥最低1週間前からは、部屋に当日の衣装と靴を用意しておき、それを着て一度は通すようにすること。そして、"これを着たときこそ、最高の演奏ができる"と言い聞かせる。また、別の場所や、響きの違う部屋、照明を明るくしたり、環境を変化させて通してみましょう。

⑦何よりも怖いのが、暗譜を忘れて止まってしまうのではないか？　ということです。暗譜の方法は、さまざまです。「写真暗譜」といって、頭の中に譜面があり、それを見ながら弾く方法がありますが、これには向き不向きがあります。私は向いていませんでした。私は頭の中で、指と音とを一致させながら、楽器を持たずに、例えば電車の中とか、眠れない夜とかに布団の中で演奏してみて、止まらなければ結構自身がついたものでした。お勧めです。

⑧ゲネプロのときに、袖から演奏場所までの距離を歩いて実感しておくこと。そして本番では、Case84でも説明しますが、歩く、おじぎ、チューニング、演奏開始、までを一連の動作にしましょう。急いだ動作は禁物です。

⑨本番中の目線を決めておきましょう。私は指を見たり、弦と弓との接点を見ることにしています。これは練習中から気にしていないと、本番中に目のやりどころがなく、キョロキョロして集中

力を欠き、聴衆が目に入ったりで、怖くなります。

⑩何よりも大切なのは、"上がったときこそ最高の演奏ができる！"と、常に自分に言い聞かせて
おくことです。衣装もそうですが、これだから大丈夫だ、と思えるようにすることです。上がっ
たときこそ良い演奏ができるはずだから早く上がれ、と思うとだいぶ楽になります。

アイザック・スターンは「上がらない人はアーティストじゃない」と言っていたらしく、本人も
相当ナーヴァスだったそうですし、10年以上前ですが、チェコの名ピアニスト、ヤン・パネンカ
が彼の十八番のドヴォルジャークのピアノ四重奏曲を演奏する直前に、5分以上椅子に座ったまま
頭をかかえて集中しようとしていたのを、目の当たりにしたことがあります。一緒に演奏する私は、
その姿を見て、彼の音楽に対する誠実さを再確認し、尊敬しなおしたひとコマです。

アイザック・スターン　　　　　　写真提供：毎日新聞社

結局、誰もが上がっているのです。「私1人だけがこんな目に……」では絶対にない、ということ。
要は、いかに準備をしておいたか？　というのが大きなポイントになるのです。「これだけさらっ
たんだから大丈夫！」です。私自身の経験から思いつくままに列挙してみました。少しでも参考に
して頂ければ幸いに思います。

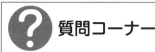

初めまして。私は音大を卒業し、現在は音楽教室で講師をしています。そんな立場で恥ずかしいのですが、私は元々速いテンポの曲が苦手で、特にスタッカートなどの速く弓をとばして弾く、というのが苦手なのです。ノバチェックの無窮動(むきゅうどう)など、弾いていると真ん中あたりで右手がつってしまうのです。スタッカートの移弦も苦手です。良い練習方法や教本はないでしょうか?

ANSWER

決して恥ずかしい質問ではありません。各々レヴェルの差はあるにせよ、この弓の問題は、付いて廻るものです。

「スタッカートなどの速く弓をとばして弾く」という表現、「右手がつってしまう」という症状から推測すると、あなたのイメージからは、「手首をやわらかくして軽やかに弓が跳ぶ」という理想が感じ取れます。

ノバチェックで結構です。一度、逆のことをトライしてみてください。

入り口として、まず弓を適度にしっかり持ってみます。弓は弦に置いた状態から始めます。弓の毛は全部つけます。中から、いくぶん元の位置で始めます。5cmくらいの少ない弓で、決して跳ばそうと思わないでください。手首はまず使わないこと。肘から手首までの腕は、床と平行。肘の屈伸を利用して弾き始めてみてください。毛は左右に動きますが、木は上下に動きます。音を聴きましょう。跳んでいる音になっています。右手がつるのは肘を使わず、手首と肩が作用しているからです。

67

ヴァイオリンを専門に勉強している大学生です。以前から単音での音程は、なんとかきれいになっても、重音で、特に3度の連続のスケールの音程が、どうしてもまとまりません。やればやるほど耳がわからない方向に行っているようで途方に暮れています。何か良い考え方や練習方法はないものでしょうか?

ANSWER　縦の関係よりも横の関係を大切に

完全4度、5度、8度(オクターヴ)は、ピタリと合うポイントが明確にあります。3度、6度はハーモニーに方向性があると考えてください。仮に長3度で、CとEとを合わせたとします。Eはほんのわずか低くとるとピタッと合います。しかし、次に、DとFの短3度に移動したい場合、EとFとの半音の関係は広めにしなくてはなりません。音の方向を意識してそのままFをとると、F自体、低い音になってしまい、そこでDと合わせようとすると、音の並びに歪(ゆが)みが生じます。メロディックに3度の連続が出てきたときは、長短を幾分デフォルメ気味で練習したほうが、流れの中の音程はきれいに聞こえます。3度(あるいは6度)のハーモニーを単体としてとらえてから並べていくと、かえって複雑になるので、わからなくなってしまったのでしょう。単音での横の流れが2つあると思ってみることを勧めます。ハーモニーの若干の濁(にご)りは気にならなくなるはずです。

Case82

　石井 圭さんは大きな手の持ち主です。うらやましいと思うのですが、プロ仲間で大きな手のプレイヤーに「楽そうだね？」と聞くと、必ず「これはこれで不器用なこともあって……要はバランスだよ」と返ってきます。逆に小さな手で、優れたプレイヤーもたくさんいることを考えると、手の大小は生まれもってのことだし、自分の手を変えることはできないので、「大は小を兼ねる」的な考え方を優先しないほうが、小さい人は気が楽になるし、大きい人は油断しないでテクニックを身につけることができるでしょう。

　石井さんは、わずかな指の動きで、ヴィブラートが比較的よくかかるのですが、それ以上の音への欲求がうすい感じです。小さな手だったら、ほとんどかかっては聞こえてこない動きです。音のイメージをふくらませれば、イメージ通りの音への歩幅は広いと思います。彼はモーツァルトのコンチェルト第3番の第1楽章を弾いてくれました。

● 悩んでいるところ ●

　スタッカートで弓を使えない、というもの。この曲のスタッカートの楽句では、アップでもダウンでも、確かに消極的なものになり、音楽が感じられないムードになりました。

■ぜひ、実行してもらいたいアコードの弾き方

　よく観察すると、彼の場合、スタッカートではない部分でも、短い音では、弓をほとんど使わず、チョンと触れる感じで演奏していました。無駄な音は排除しなくては、という考えが伝わってくるのですが、大きく弓を使うことを抑えることによって……では解決から遠ざかるだけです。恵まれた指で押さえた音は、豊かな響きになりやすいものです。そこに、ある油断が発生したとも考えられます。

　特に、冒頭のアコードの音は、そういった点で印象的でした。1拍目から堂々と演奏が始まる曲なのに、1拍目のG Durのアコードの音は p の音量で、弓も4〜5cmくらいしか使っていない。そして2拍目からのG音は、うすぼんやり長く聞こえてしまう……しかし、彼の気持ちはよくわかります。弓が弦に接していない状態を音の出るスタート地点と考えていれば、腫れ物である弦に触る弓は、なるべく少なくしていこう、という気分です。私にも、そんな時期がありました。弓を使うとその分、音が汚くなるのです。

譜例1　モーツァルト／ヴァイオリン・コンチェルト 第3番 第1楽章

譜例1は、この曲の冒頭です。3弦（D、A、E線）同時に弾いて、きれいに響かせたいものです。しかし、彼もそうだったのですが、よくあるケースで、下から順番に、レシソ！　とアルペジオっぽくなってしまいがちです。すると弓の先端は上に上がり（天井に近くなる）肘は下がり、E線で弾くG音は汚く発音してしまいます。**アコードを弾いた後、右手は目線の高さにありたいもの。そして全弓で弾くイメージで音を響かせたいものです。**

　バッハの無伴奏の一連の曲などでは、3つの和音、あるいは4つの和音を弾くことが頻繁にあります。ぜひ、実行していただきたい方法を紹介しましょう。「弦を3本同時に弾く」とシンプルに考えると、力任せに、真ん中の弦（ここではA線）にねらいを付けて弾けば鳴るかな？　となってしまい、鳴ったはいいが、それはそれはお粗末な結果に終わるでしょう。

　まず、アルペジオが基本です。ただ、下から順番に音が出ておしまいではなく、下から順番に、音がレシソとなり、そのあと、シレと、下降もするのです。レシソシレ！　です。少ない弓ではできません。あえて譜面に書くとすれば、**譜例2**か**譜例3**ということになるのでしょうか？　そして上のG音を響かせようと意識します。

譜例2　　　　　　　　　　　　　　　　　　譜例3

　各音を分離してクリアに弾くことが目的ではありませんから、弓の動き、手の動きのイメージだと思ってください。強く、すばやく、このように弾けば、だんだん3本の弦のハーモニーが必ず澄んだ音で鳴り始めます。石井さんは4〜5回の実行で、すでに無理なく3本一度に鳴らすことができました。弓も大きく使えました。ヴィブラートも忘れないようにしましょう。4本の弦を同時に弾きたいときも同様です。これはイザイの無伴奏ソナタを練習していて気づいたヒントです。

Case83

　クライスラーの小品の中で、私が生まれて初めて接した曲を森 崇政さんは持ってきました。「美しきロスマリン」です。私はこの曲を中学2年生のとき、学校の小さな音楽会で演奏するために先生に選んでいただきました。軽やかで美しいメロディに感動した瞬間を今でもはっきり覚えています。

　そして本番……。このときほど、子供心ながらにヴァイオリンの難しさを痛感したことはありませんでした。メンデルスゾーンやラロを上げているんだから、こんな小さな曲……と思って練習し始めたのですが、あの感動にはほど遠い音楽しか出てきません。第一、弓が操れない。そして現在に至ります。アンコールでよく使う曲なので、何度となく演奏してきました。しかし、相変わらず難しい曲なのです。

　森さんは、この曲を愛している様子でした。何とか表現をしようとしているのですが、弓が操れない……当時の私と同じです。

● 悩んでいるところ ●

　「弓が操れない」「スタッカートが軽やかにいかない」というもの。やはりそうか、とすぐにわかりました。今、ポイントチェックをして、何かをすぐに取り込むことはできるかもしれませんが、実際にこの曲を人前できれいに弾くには理論ではなく、繰り返しの基礎練習が必須ということになります。最終目標を〝スタッカートを軽やかに演奏すること〟と位置づけ、彼の出発点を捜していきましょう。

■人差し指の役割を認識しよう！

　一番初めに気になったのは、楽器を下げて構えている、ということ。原則として、弦と床とは平行に、と考えましょう。端から見ると幾分楽器が上がった状態になるでしょうが、何かとすぐに下がってしまう人は、ここが定位置と考えてください。楽器の頭を下げて構えてしまうと、弓は演奏中、駒から遠ざかろうとします。引力の原理です。理想は駒の近くで良い音を出したいので、今度は、弓を駒の方へ引き戻そうとします。すると、人差し指をスティックに引っかける動作が必要になってくるのです。このときの彼の弓の持ち方は**写真1**です。弓を跳ばすのではなく弓が飛び始めるのをじっくり待つ、という考え方は大切ですが、それを発展させるのに人差し指はスティックに乗っていると考えましょう。**人差し指は、弓を跳ばそうと奏者が一方的に考えてしまう道具になりやすいのです**（前巻『**目からウロコのポイントチェックⅠ**』Case28参照）。

写真1

写真2

　もう一度確認しましょう。弦と弓を付けたり離したりする役割を多く担っている指は小指で、人差し指は、弓の動きを安定させたり、腕の重さを弓に伝えたりする指です。つまり、元弓近辺では、人差し指は方向を安定させる役割だけなのです。間違えても弓を吊り上げるような動作は避けましょう。**写真2**は森さんの人差し指をスティックに巻き込まなくした弓の持ち方です。

　「美しきロスマリン」を、いつの日か軽やかに弾ける日を夢見て、目の前のことをこなしていきましょう。

Case84

　私が教えている玉川大学芸術学部は、まったくの初心者でも「器楽入門」として楽器を習うことができます。大野愛佳さんは、ピアノが専門で3年の秋学期から私のところでヴァイオリンを始めました。動機は「何かかっこいいじゃないですか〜」という大変わかりやすいもの。ケースから楽器の出し入れ、弓の張り方、松ヤニの付け方、から始まりました。

　私はかつて、文化放送のカルチャーで「四十の手習い」的な方の指導をしたことがありましたが、ヴァイオリンという楽器の難しさを、直にそのとき再確認したのを思い出します。そして彼女を教えるにあたり、大人になってから始める人たちへは、どのようにアプローチすれば、より少ない時間で効率よく上達できるかの実験台になってもらおうと考えました。

　大変得なこととして、ピアノが弾けるということ。楽譜が読めて、ソルフェージュができる。これはヴァイオリンどころか、何の楽器をやるにしても、大切なことなのですが、その部分はクリアしているというわけです。

　もうすぐ実技試験です（1月下旬）。彼女は、ガツガツ練習するのではなく、楽しみながらやってきた割には、あっという間に上達しました。私が考案した彼女用のメソードに見事にリンクしたのです。そして弾く曲は「新しいバイオリン教本2」の35番（モーツァルトのメヌエット）と54番（メンデルスゾーンのノクターン）です。

　試験会場で歩いていき、お辞儀をして楽器を構えて弾く、という動作をどのようにとって
よいのか見当がつかない、というもの。無理もない話でしょう。これを生まれて初めてやる
のですから……。楽器を持ってまだ３ヶ月といえば、普通ならほとんど手に入っていない状
態です。

■楽器を構える動作もリズムの中で

　私の友人のピアニストが、ステージで余計な緊張を避けるためにやっていたことを以前紹介し
てくれたことがありました。

　バッハを演奏するとき、特に役に立ったというやり方で、ステージのそでからピアノへ向かっ
て歩いているとき、既に曲の冒頭のリズムを刻み始めていて、お辞儀をして、座り、のときもリ
ズムを刻んでいて、ひとつも動作を止めることなく、すっと弾き始めるというものです。

　私も実行してみました。だいぶ気楽になれ、すんなり演奏に入れました。そういえば、ある
とき、ふとテレビを見ていて、ゴルフ番組が映り──プレイヤーがボールを打つときには、クラ
ブを選択してバックから抜き取る瞬間から打ち終わるまでを一連の動作にすれば、ミスは減る
──とプロがレッスンしていたのを思い出しました。これを「ルーティーン」と呼んでいました。
ボールを打つ直前に固まってしまうのを防ぐためです。これは演奏に充分に置き換えられます。

　大野さんに、まず歩いてもらい、お辞儀をして（チューニングは前もってしておく）、楽器を構
え、音を出すまでを、曲のテンポを感じながらやってもらいました。

　お辞儀までは、うまくできたのですが、いつもは何気なく構えている楽器の扱いに問題があり
ます。ここが、２つ目のポイントです。

　スタンスを決め、そして次に両肘の位置をまず決めましょう。肘を実際にその位置に持ってい
くときに、弓も楽器も構える方向に持っていくのですが、無造作に楽器を首にはさみ、無造作に
弓を弦の上へ乗せてから「アレッ？　肘の位置は？」と考えても、もう遅いのです。そのときに
肘の位置を試行錯誤しても良い結果は得られません。大野さんは演奏の直前に、いくらか弓を楽
器の上まで持っていく形の良い構えになりました。試験が楽しみです。

以前にも説明しましたが、音の認知は、語学のヒアリングに似ています。そして楽器から発する音は、聴いた言葉を正確に発音することに置き換えられます。**譜例１**の場合、指が低めになってしまうことから察すれば、もうひとつの悩みである"指が伸びてしまう"ということと関連があります。自分の出している低めの音程に、逆に耳が慣らされてしまって、わからずに弾いてしまうのでしょう。これは、その都度注意し、はずれた音符に↑や↓の矢印を付けて確認していく作業が大切になってきます。

　生徒の中には「そのＦは高いよ」と注意しても「はい」と言うだけで、鉛筆を持とうとしない人がいますが、同じ場所で、再び、はずすことの方が多いので能率も悪い。必ず書きましょう。全音間隔の音程がはずれるのは、上行形では一番上の音、例えばハ長調でドレミならミの音が低くなり、下行形では一番下の音、ミレドならドの音が高めにはずれてしまいがちです。**中指と薬指の爪を、手のひらに近づけておく意識を持つと、不用意に指が伸びてしまう（写真１）ことを防ぐことができます（写真２）。**

写真１

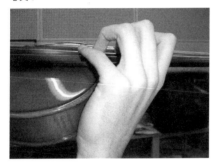

写真２

　次に減七の音列で、はずれてしまう問題ですが、これは耳の訓練をしつこくやっていくことから始まります。まずはピアノで用意された音をインプットしていきましょう。そして階段を上ったり降りたりする要領で、２つ上っては１つ下ったり、そこから３つ上っては２つ下ったり、ということを繰り返します。側でピアノを誰かに叩いてもらうと効果的です。減七は難しそうに見えても、和音の構成に至ってはシンプル。短３度の間隔で音が重なっているだけです。ですから音列は３種類しかありません。Ｃから上に重ねていく音列、Ｃ♯からのもの、Ｄからのもの、の３つです。Ｅ♭からのものは、音の要素はＣからと同じものだからです。今野さんは集中して聴きながら練習した結果、指の形も良くなってきたようです。練習には、しつこさも本当に大切なことです。

質問コーナー

左指の関節についてです。ヴィブラートをゆったりかけるときに、2指と3指がふにゃふにゃします。練習不足がつづいた結果なのですが、解決する方法が知りたいのです。自分では、指を強くするためにパガニーニの6番を課題にしています。 （匿名希望）

ANSWER

2と3の指は中心となる指で、歌う音の決め手となる音に対して多用する指です。私も、ここぞという音は、2か3でヴィブラートをかけることが多いのですが、音の下方へヴィブラートをかけるように用心しないと、音の芯がなくなり、求める音を目指して力を入れてしまうことがよくありました。実験してみてください。それと、ヴィブラートをかけるときでも、4本の指の自分の基本的な形を、まずは崩さずにかけてみましょう。スターンは、小指のヴィブラートをかけるときは、薬指も必ず弦に置いておくように、とレッスンしていました。これは、2、3の指でも同じことが言えると思います。3でヴィブラートをかけるとき、2を置いてやってみましょう。**関節は柔らかく使いたいので、「指を強くする」というより「指の角度を決める」という考え方**で、1の指と4の指とを完全4度の幅で理想の形で弦に置き、2、3の角度を確認して、その角度を基本にします。指を立てて速いヴィブラートでも、寝かせて遅いゆったりとしたヴィブラートでも、そのとき1や4の指の位置と角度を確認しておくことです。パガニーニの6番は、この1の指と4の指の完全4度間隔が基地となり、4を伸ばしたり1を下へ伸ばしたり……と、めくるめく指が動いていく格好のキャプリスなので、まず基地を磐石（ばんじゃく）にすることが先決です。指を強く打ち下ろすのではなく、指をすばやく上げると感じることでも、角度は決めやすくなります。ふにゃふにゃを、うまく利用しましょう。

Case86

ヴァイオリンを始めて4年目になる森井光恵さんは、ピアノを以前からやっていたそうです。ピアノをやっていた生徒は、まず譜面が読めるという、とても有利な立場で始めることができるのはもちろん、楽典、ソルフェージュ能力も、ゼロから始める人に比べ、ずっとあるわけで、以前に登場してもらった人たちの中にも、何人かそういったメリットの上で楽器に向かっている人がいて、レッスンのやりとりが、なめらかだったことを思い出しました。彼女もそういった意味で、打てば響くタイプです。私は東京藝大受験のとき、ヴァイオリン以外に、ピアノ、楽典、ソルフェージュ、聴音、などが課題に入っていて「ヴァイオリンがうまけりゃいいじゃん！」と何度も思い、また苦労をしましたが、今考えると、これらのアイテムはプロ・アマ問わず、必ず身につけておきたいものです。

エックレスのソナタを聞かせてくれました。

　ピアノをやっているときからのことだそうですが、手を傷めやすい、というもの。この問題は、前巻『目からウロコのポイントチェックⅠ』のCase42でも取り上げたと思いますが、今一度、整頓した形で説明していきましょう。

■手首には避けて通りたい角度がある！

　腱鞘炎という病名がついてしまうほど悪化すると、一旦、楽器をやめて、安静加療という形をとらないと大変治りにくい症状です。辞書で調べると、腱鞘とは「腱を包んでいる滑液を含んだ袋」とあります。そこが腱と擦れて炎症を起こすのです。楽器によってではなくでも、調理師が鍋を振ってとか、母親が赤ちゃんを抱いたり降ろしたりとか、ゴルフの練習を無理にしすぎたり……など、手を使って仕事をすることが、何らかのきっかけになってしまった実際の例を何回か見てきました。

　そのような人たちの動作で、共通していた手首の角度を私なりに発見したのですが、後に、日本では欧米ほどまだ普及していない「アレキサンダー・テクニック」という運動理論の本を読んだときに、その辺のことが、とてもわかりやすく図解してありました。私自身は、特にアレキサンダー・テクニックを研究しているわけではありませんが、楽器演奏に必要な部分は、取り込んでいます。大変有効な理論ですので、興味のある人は書店等でのぞいてみてください。

　具体的には、肘から指先までをまっすぐにして、小指側に手のひらを傾ける（**写真１**）のではなく、親指側に手のひらを傾ける形（**写真２**）を、演奏するときはもとより、他の先ほどのような運動でも、とるようにしましょう。**肘から小指は、一直線のイメージです。**肘から親指が一直線になる形（**写真１**）は、その形をとるだけで、私の場合、手のどこかがボキッと音を立てます。そして動かすと、軽い痛みすら感じるのです。腱が不自然に曲がった状態で動作する……適切かどうか疑問ですが、自転車のブレーキのワイヤーがなめらかな曲線ではなく、不自然に湾曲した状態で、無理にブレーキをかけようとレバーを握った状態……といったところでしょうか？

写真1

写真2

　スティールのワイヤーと、それを包むチューブに大きな摩擦が生まれます。肘から指までは、なめらかで、しなやかなラインをイメージしましょう。試しに手を小指側に傾けて（悪い方向）ヴァイオリンを構える形をとったり、ピアノを弾く形をしてみてください。なんとも不器用なかっこになります。

しかし、人は何か指でしようとすると、即座に親指と人差し指とが出てきてしまうものです。特に汚い物や、怖い物をさわろうとしたときに、この形になりやすい。逆に羽毛のかたまりや、子猫を手のひらに乗せようとしたときは、手のひらを上に向けて、親指を外に出そうとします。この感じです。森井さんも音がやわらかくなりました。

　腱鞘炎になる原因は、この角度だけでなってしまうわけでは決してありません。さまざまなパターンがあると考えられますが、無理に急速な強い力を断続的にかけることでなってしまうことは、どうも共通しているようです。

　彼女には、もうひとつ、チェック・ポイントがありました。これもよく見かける動作ですが、先弓に行くにしたがって、弓と弦が直角でなくなる。右肘を必要以上に手前へ引いてしまうので、弓先が楽器の頭の方向へ推移してしまいます。先生が肘を持ってあげれば大丈夫なのに、離して2～3往復、弓を動かしただけで元の形に戻ってしまう人は、右肩を壁につけて弾いてみましょう。

写真3

　写真3、4、5と動かします。アップもやってみましょう。森井さんの右肩は、壁にピタッと付いています。

写真4

　これは即効性がありました。先で音が抜けず、らくらくと響くのには、やっている本人が一番驚いたようです。やり始めは何度も壁に肘が当たります。弓と弦の角度を保ちたいので、必ず鏡の前でやってください。

写真5

質問コーナー

弦のことで質問したいことがあります。

　以前に比べ、いろいろな種類の弦が発売されていて、合奏仲間の一人は、それが楽しいらしく、新製品が出る毎に買っては付け替え、一喜一憂しています。私も、もっと良い音になればと思い、少し行き詰まった感があるときは未知の弦に手を出しては、何か、その瞬間良い音になった気分になるのですが、どうも根本的な解決にはつながっていないような気がしてなりません。これだ、と思うものがないのです。どのようなことを注意して弦を選んだらよいのか、先生の考え方をお聞かせくださいませんでしょうか。

ANSWER

　確かに、最近は、合成樹脂の弦がたくさん出てきました。おそらくドミナントが登場してからだと思いますが、それ以前は、スティールか、ガットかの2つの素材の中から選んでいて、日本ではE線以外に、たまにA線には張るとしてもスティールの弦は使う人が少なくなってきていました。そしてガットが主流だったのですが、気候に左右されにくく、張った次の日からピッチの安定が良く、品質に、ばらつきのないドミナントの登場はセンセーショナルでした。パールマンやズッカーマンがドミナントを張って、あの美しい音を出しているので人気はどんどん上がりました。

　ただ、合成樹脂の見落とされがちな点として、製品によっては劣化の問題があります。ズッカーマンは束のように、たくさん持ち歩いていました。「音色に行き詰まった」と言ってきた人に、いつ弦を張り替えたか聞いたら、3ヶ月前だったりしたことがありました。同じ製品で新品にしても良い音に感じるのは当然ですね。違う製品なら、新鮮さも手伝って、ますますそう感じることでしょう。また、楽器との相性ということになると、もっと複雑になってきます。

　右手の発音をより深く学習するためには、私の経験では、ガット弦を勧めます。安定してくるまでに4〜5日かかってしまいますが、音に飽きがきません。ガットはベタベタと擦った弾き方では鳴ってきませんが、きちっと発音した子音の種類は多彩です。

　E線に関しては、素材はスティール系なので、これこそ好みで一喜一憂も、楽しいのではないかと思います。ただ、弦の太さはあまり太くないものにしましょう。E線のテンションが高くなると、A、D、G線がつまり気味になり、鳴りづらくなりますし、不用意にE線に重さを乗せても強く鳴ってくるので、音が硬くなります。太く強いE線は上級者向きと言ってよいでしょう。

オーケストラ考Ⅴ

　よく「コンサートマスターって、どんな仕事をしているのですか？」という質問に出会います。一番わかりやすい答えとして、私はいつも「設計士が指揮者だとしたら、現場主任といったところでしょうか？　大工さんで言えば、棟梁でしょう」と説明します。指揮者は音楽の音は、実際にひとつとして出しません。コンマスは、音を出す側の最高責任者です。

　具体的に言いますと、音の出るタイミングや音程感、音色感、音量バランス等の、最良あるいは妥当な設定をして、オーケストラをドライヴしていくのです。しかし、オケの最高責任者である以前に、弦セクションのまとめ役としての役割があり、またそれ以前に、第1ヴァイオリンの首席奏者という重責があるのです。オケをまとめるためには、ときには指揮者の無理な注文に対してオケの代表として「ノー」と言わざるを得ないシーンや、指揮者の力不足の部分を補うべく、さっさとリハーサルを片付けていくシーンなども、たまにはあります。しかし、最も大切な要素は、コンマスをしている者が、どれだけの音楽を現場でしているか？　ということです。そして、どういった人間であるか？　ということに尽きるでしょう。そこまでの評価にたどり着けるまでには、十年以上のキャリアが必要となってきます。

　細々とした現場の仕事は、新人コンマスをノイローゼに仕立て上げます。ヴェテラン・プレイヤーは、彼を大いなる期待とほんの少しの猜疑をもって、後方にズラリと座っています。恐らく一番初めにぶつかる仕事は、オーボエから、きちっとしたＡ音がとれるか？　ということ。「チューニング如きで」と思われるかもしれませんが、実際に静まり返った70人前後のフル・オケのメンバーの前でやるとなると、相当しびれるものです。「あの人はいつも若干高めだ」逆に「ぶら下がり気味だ」などと言われ始めたら要注意です。コンマス本人に、ちゃんと言ってくれるメンバーがいれば、幸せなコンマスでしょう。

　その他の具体的な仕事の代表格として、「弓付けをする」という仕事。かつて使用した譜面であれば、弓の上げ下げが書き込んであります。その通りに弾き進んで行き、不都合が生じたところだけチェックし、変更していけばいいのですが、未使用の真っ新な譜面には、練習初日までに必ず弓付けをしておかなくてはなりません。Ｖから始めるか？　▇から始めるか？　このスラーは長すぎて一弓ではきついから、どこで返そうか？……等々。どう弾いてもいいだろうと思うようなところに限って、決めていったものに現場でクレームが付きやすかったりします。スコアが存在するものならスコアに目を通し、他のパート（第2ヴァイオリン、ヴィオラ、チェロ、コントラバス）との兼ね合いも頭に入れて決めることができますが、真っ新モノは、ポップス系や新曲が多いので、スコアは指揮者の手元にある一部だけだったりします。音を出してみなければ何とも決定しづらいものも、暫定的に決めておかないとならないし、それで食い違っても文句が来てしまったりもします。ストレスが溜まりそうなお話です。

　20年以上前のことです。私の決めた弓使いを当時のヴィオラ奏者が、わざと、いかにも弾きにくそうに弾いて、周りの笑いをとっていたことがありました。しかし、私には自信があり悔しかったので、「こう弾いてください」と皆の前で弾きやすそうに、しかも音楽的に歌ってパフォーマン

スしたことがありました。この一件は、そのヴィオラ奏者が肩をすくめることで終わってしまい、私の決めた弓で演奏することになったのですが、ほとぼりの冷めた数日後、仲間のチェリストがやってきて、「あのとき、深山には弾きやすかったかもしれないけれど、世の中的にそうだったかは疑問だよ！」と注意してくれました。まさに目からウロコでした。

　最善と思っていることイコール、そのグループではベストとは限らないのです。こんなことは、実は当たり前のようで気づかないものです。マルテレかソティエか（On か Off か、要するに、つけて弾くか∨◻の間に弦から弓を離すか）などは、上げ下げが決まっていても弓の位置で変わってきますし、微妙にオケごとに癖がないとは言えないでしょう。つまり、そのグループで一番表現しやすい形、というのがベストの弓使いです。

　その後、私は、クラシックの定番曲は、何ヶ所かのオケでやってきましたが、例えばチャイコフスキーのシンフォニー第5番ひとつ取っても、同じような弓使いをしていることころはありません。そして、その弓使いで何度となく演奏していることでしょう。オケを移ると、以前のオケの弓使いが、ふと出てしまうことはよくありました。やり慣れているほうが、正攻法に感じるのを実感した瞬間です。定番をいじるのは勇気が必要です。しかし、「長年やりにくいのに、今までかかわってきたコンマス誰一人として変えてくれなかったので嬉しい。よく改良してくれました」と喜ばれたこともあります。ある若手指揮者が、ウィーン・フィルのビデオを繰り返し見て、スコアに◻∨を付けて、プロ・オケのリハーサルで「ウィーン・フィルは、ここはこうしているので、そのように変えてください」と要求して、メンバーに大反発を喰らった話があります。考えてみれば当然のことでしょう。きっと、ものの言い方にも問題があったに違いありません。

　弓付けの話ひとつ取っても、まだまだたくさんあります。コンマスは、ある日の本番のために、最良、あるいは妥当な設定をしていく、という言い回しには、そういったわけがあるのです。

Case87

　レッスンを受ける、ということは緊張するシーンでもあります。初めてのレッスンは特別でしょう。私はいつも「気楽にね」と笑顔で言うことを心掛けています。それでも、ある種のテンションは必ずあって当然で、初めからダラダラとルーズな人は見たことがありません。三村俊貴君（11歳）は、テンションが高まっていました。恐怖心を持つほどまでには至っていませんでしたし、音もしっかり出して硬くなく、良い指導を受けている様子が伝わってきて、良い資質を持っています。ただ、「どこが弾きにくい？」とか、「どんな感じで弾きたい？」などと聞くと、ふだんはよくニコニコしながらお話ししてくれますが、レッスンとなると言葉を選ぶシーンが多かったようです。まあ、「どこか困っているところは？」と聞かれて、「実は……」と説明し始める子供のほうがめずらしいのも確かです。それに、あまりにも口数が達者な子供は、集中していない場合が多いので、かえって要注意でしょう。三村君は音を自分で伝えるという感覚があるし、注意したことは、早く取り組むことができるので、時期が来れば大丈夫です。バッハのコンチェルトの第1番の第1楽章を聴かせてくれました。

■弓をつかむ場所は1ヶ所ではない

　バッハを始め、バロックやロココの時代の作品は、弦楽器の基本的な発音や、語法を習得する上で、とても重要な位置にあります。この曲（コンチェルト第1番）は、よく取り上げられる1曲です。スタッカート、テヌート、レガートなど、音楽に沿って表現していくと、音の語尾がふくらんだり、必要以上に音を長く保持してしまうことが、一番気になるものです。三村君は、まっすぐに音を出せますが、弓を弦から離す瞬間のコントロールが苦手のようでした。

　問題は、弓の持ち方にあります。まず親指の位置ですが、**写真1**のように、フロッグ（毛箱―手元の黒いところ）に押し付けるようにして持っていました。親指にフロッグの角が食い込んで痛いのですが、親指が安定しやすいことで、この場所で持つ人は多いのです。しかし、せっかく黒い皮が巻いてあるのだから、そこを持ちましょう。1cmでも2cmでも、弓を短めに持ったりすることは、重力をコントロールしやすくなるので結構なことです。**写真2**の位置がベターでしょう。

写真1

写真2

それと、もうひとつ、図1は弓を後ろから見た図ですが、彼の場合、弓を持つ手は、A方向、つまり横から入ってくるイメージでした。すると**写真3**のように、小指が寝た感じになります。B方向、つまり上から持つ、と考えましょう。すると**写真4**のように小指の接点は弓に対して真上になります。こうすれば、本能的なアクションで、弓と弦の付いたり離れたりのコントロールは、楽に自由になっていきます。すぐできた三村君の勘の良さに、私は良いミュージシャンになる可能性が高いと感じました。

図1

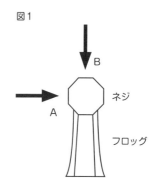

B

ネジ

A

フロッグ

写真3

写真4

 質問コーナー

私は子供のころにバイオリンを習っておりました。そして、高校に進学するころやめてしまったのですが、現在、いくらか生活のリズムがゆるやかになって参りましたので、3年程前から再び習い始めました。楽しくやらせていただいております。しかし、大きなブランクのせいでしょうか？　うまく弾ける日とそうでない日があります。あるフレーズが3日前には弾けたのに今日は弾けない。……ところが次の日は弾ける、とか。ある日は1日中、弓が安定しない、次の日はまったく問題なし、安心すると、またある日、安定しない。という具合にコンディションにむらがあります。皆さんそうなのでしょうか？　何か問題があるとしたら解決方法を教えていただけませんか？　　　　（35歳 主婦）

ANSWER 楽器をケースから出す前が肝心

楽器に関してだけでなく、人は日によって好不調があるものです。肉体的に疲れているときは理由がはっきりしていますが、無意識のうちに精神的に疲れているときが、訳もなくうまくいかない日でしょう。こんなときは大概、姿勢が微妙に崩れているのです。気分の良い日もそうでない日も、楽器をケースから出す前に、ケースの前で構える形をとってみましょう。うまくいかない日は、大きな筋肉の反応が鈍い日です。よくあるパターンでは、左右とも肘の位置が適正な場所に納まっていないことです。指先に神経が行き過ぎないことが大切です。

Case88

伊藤千暁さんは、現在カイザー教本第2巻の第19番をやっています（**譜例1**）。聴かせてくれた曲が、この曲なので、右手が問題になっているのでしょう。

譜例1　カイザー教本／第2巻第19番

● 悩んでいるところ ●

聴いてもわかりましたが、「音のキレが、今ひとつ足りない」というもの。この曲では、弓の中央で、少ない弓の量で細かく「タカタカタカ」と小気味よく弾いていくキャラクターを表現したいものです。

■やはり肘の位置は本当に大事！！

本人に具体的な問題点で気づいている部分を尋ねると、「弓を持つ右手の人差し指が、すぐに深く手のひらに近い方へ弓が定着して持ってしまい、弓の動きが鈍くなるのではないか？」と。しかし、わかってはいても、どうしても直せないのだそうです。なるほど、人差し指の関節と関節との間に弓を位置させた形をとってもらうと、やりにくそうな格好になります。彼女の場合、肘の高さに関係があることがわかりました。

写真1

写真2

当初、**写真1**の高さにありました。この高さで、人差し指を適当な位置にすると、小指側が窮屈な感じです。私は腕の付け根から、その弦の接点のルートを観察してみました。Case86で紹介した手のひらが小指側に傾いてしまう、いわば"危険"な角度を避けて形を作ってもらった

ら、自然と**写真2**の高さに落ち着いたのです。「あっそうか！」と納得していましたが、腕を肩の外側の筋肉で吊り上げる動作に慣れていないので、「疲れる」ということは仕方ありません。何度も言いますが、「力を抜きなさい」の前に、支える力は大前提として保持していなくては、理想的な脱力を習得することは、難しくなるのです。

　彼女の若さと基礎力とがあれば可能でしょう。腕のコントロールもいくらかスムーズになり、弓への伝達もクリアーになっていきました。

　基礎を直していくとき、指の形や腕の角度、首、など、形を変えなくてはならないことが多く発生してきますが、弾いている本人が一番気にしなくてはならないことは、**変えたことによって、より良い音が出たことを確認し、それを意識し続けることです。**形から入って耳が開いてこないと、すぐ元の形に戻ってしまう。「自分の音楽を表現するため！」という、ごく当たり前のことでも、手仕事が増えてくると、そっちの方へ気が行ってしまいがちです。知らず知らずのうちに遠回りをしないように気をつけましょう。

Case89

　毎年音楽大学、あるいは芸術系の学部から、ヴァイオリンを専攻して卒業していく人たちは、かなりの人数になります。ここのところ減少気味と聞きますが、過去40年間となると、莫大な数字になるでしょう。そして、プロになって現役で活躍している人、教師として活躍している人、結婚出産など、事情があって一旦は遠のいてしまった人、完全にやめてしまった人など、さまざまな道へ進まれるわけですが、いずれにしても、かつて専門的に教育を受けていた先輩組というのは、想像を上回る数になります。

　鈴木純子さんもその先輩組で、現在は、ヴァイオリン教師として活躍していらっしゃいますが、現状にとどまらず、もう一度きちっとした基礎を見直して、楽しく音楽生活を送っていきたいと考えています。これはとても大切な考え方です。

● 悩んでいるところ ●

　これは誰もが後になって考えることですが、学生時代には、どうも視野が狭く、いろいろな新しいテクニックなどを取り込む意識に欠けていたのではないか？　というもの。

　しかし、彼女はとても慎重で真面目なタイプの女性です。度が過ぎると裏目に出ることも……。モーツァルトの第3番のコンチェルト第1楽章を聴かせてくれました。

■弓を多く使うデリカシーを

　まず、冒頭のアコードです。鈴木さんに限らず、私の見てきたところでは、8割方の人が、弓を「チョン！」としか使わないので、もうお定まりのアドヴァイス「弓をすばやく使って、全弓

で弾くつもりで」と言いました。慎重に丁寧に……を頭に置きすぎると、胸を縮めて楽器が体の前方に位置しやすくなり、右手の肘がダウンボウのときに、後方に逃げやすくなります。勢い弓は速く使いづらく、ますます消極的な演奏になっていく。しかし、本人はそれでも「まだ雑なんじゃないか？ 音程がはずれるのではないか？」などと、心配はマイナス要素を運び込む方向へ向いて、どんどんわけが、わからなくなります。

　彼女はきれいな音を出そうと、いつも気を配っている様子で、その辺りの楽器への対処の仕方は、専門で勉強してきた跡が伺われます。**もっときれいな音を出したいのなら、弓を直角に多く使える方法を考えましょう。ダイナミックな動きは、余計な力を嫌います。**

譜例1　モーツァルト／ヴァイオリン・コンチェルト第3番第1楽章より

　譜例1は、この曲の第51小節目からです。56～57小節目にかけての8分音符の動きを、やわらかく、よく響く音にしたければ、全弓で弾くくらいのつもりで弓を動かしましょう。軽く動かせないと、テンポが遅れたり、汚れた音になります。鈴木さんは、今までの自分の常識外の動きのようで、一瞬戸惑いましたが、音楽のイメージは、はっきりしているので、習得にそれほど時間はかからなそうです。

COLUMN・9

サンパウロのオーケストラ

　6月中、ブラジルのサンパウロで、地元のオーケストラとコンチェルトを協演して参りました。私にとって生まれて初めての地、サンパウロ……飛行機で24時間のニューヨーク経由でしたが、日本から行くのに「もし可能なことなら、地面を真下に掘っていけば最短距離で到着するよ」と冗談を言われる遠さです。時差は12時間なので、アナログ時計なら合わせ直す必要はありません。6月中旬と言えば、ブラジルは初冬です。ヘトヘトになって降り立った現地は、思いのほか爽やかでした。朝11時に着いたのですが（日本の午後11時）、そのままホテルでシャワー、ランチ、そしてリハーサル会場へ向かい、ソロを合わせました。

　ここのオーケストラは、『オルケスタ・ジャズ・シンフォニカ・ド・エスタード・デ・サンパウロ』

という不思議な名前のオーケストラですが、歴としたプロのオーケストラで、まず第一印象は、随分とやわらかい音を出すなぁ、と思ったこと。そういえば、この地に着いてまだ数時間しか経っていないのに、人々のムードが、のんびりとして、余裕があることがすぐに感じとれました。この人たちから言わせれば、「何で日本人はあんなにキリキリしているの？」と返ってくるでしょう。

　オーケストラの前に立って挨拶すると、皆うっすら笑みを浮かべてこちらを見てくれました。このオケでレヴェルの高さを痛感したのは、金管楽器セクションです。大音量でもうるささを感じさせない支えの強さと、音色に対するセンスの良さは出色でした。木管楽器もそうでしたが、「音程を合わせているぞ」という音程のよさというより、それぞれ持ち寄った音色、音程感がしだいに寄り添ってひとつの音楽になっていきます。スーパースターがいるかどうかは知りませんが、3日間のリハーサルで、フォーカスがどんどん合っていくという感じでした。

　弦楽器も同様に感じるところが随所にあります。ゲネプロのとき、作曲家の三枝成彰さんが「なんだか知らないけど、このオーケストラは独特のうまさがあるよね」と言ってきました。耳を凝らして聴くと、まずチェロとコントラバスの音程が、音色も手伝ってとても良く聞こえます。音楽的です。そして第2ヴァイオリンとヴィオラは、うるさくないのに見た感じでは弓を多く使っています。透明度の高い音というより、ふんわりとしていて包容力のある音という感触です。すると第1ヴァイオリンは大変弾きやすいでしょう。刺激的な高音はまったくありません。音圧は少ないのですが、音楽はとても伝わってきます。このすばらしい独自のキャラクターは、もしかしたら、作品により、得手不得手はあるかもしれませんが、オールマイティーをこなそうと躍起になっている日本のオーケストラにとって、見習うところがたくさんあるのでは？　と思いました。楽器が下がっているプレイヤー、右肘の極端に低いプレイヤーもほとんど見あたりませんでした。これは、日本のプロ・アマを問わず多い悪い癖ですが、集団にもなると、これほどまでに音に影響があることだと再確認しました。

　技術的に細部にわたるパートのこなし方は、日本は世界でもトップ・クラスですが、それに偏ってしまい、日本のミュージシャンも必ず持っている音楽への愛情を、リラックスして前面に提示するパフォーミングがスムーズにできているかどうかは疑問です。社会全体の雰囲気もだいぶ影響を及ぼしていると思いますが、何午後かには、必ず良い音になると信じています。その技術も、すでに持ち合わせているわけですから……。

Case90

お父様は、スイス・チューリッヒのトーンハレオーケストラのヴァイオリン奏者。お母様は歌を専門にしていらっしゃる音楽一家の廣田真希さんは、今年の8月で10歳になりました。お父様は1976年からフライブルグのマルシュナー教授のもとで勉強していらっしゃったので、偶然にも私の兄弟子にあたることになります。実に良い環境の中ですくすくと育ち、ヴァイオリンを習っている様子が伝わってきて、演奏している音の中から、ちゃんと彼女の音楽がしっかり聴いてとれます。私のアドヴァイスを聴いているときの目つきからは、言葉を自分なりに自然に音楽に置き換えていることがわかりました。

● 悩んでいるところ ●

聴かせてくれた曲は、スメタナのAus der Heimatです。伴奏はお母様です。あまり知られていないこの曲は、ボヘミアの香りのする素朴で馴染みやすいもので、チェコの名ヴァイオリニスト、ヨゼフ・スークがすばらしい録音を残しています。

真希ちゃんは1／2の分数ヴァイオリンと、それに合う弓とを使っていました。曲の中に出てくる細かい16分音符の動きが、はっきり弾けずモタモタしてしまうのが、自分ではどうも気になるそうです。

■マルシュナー氏のアイディア

写真1

肩当てを使わず、本当に自然に楽器を構え、自由な右手の動きを彼女はすでに獲得しています（**写真1**）。標準サイズの弓になれば、あれよあれよと解決していく問題ではありますが、より早く解決していくためにチェックしていきましょう。Case87でもお話ししましたが、子供やビギナーの場合、弓を持つ指が、どうしても小指は寝て伸び、人差し指はスティックにからみつく形になるからです。すると手のひらが小指側に傾いてしまう「危険な角度」（Case88）になり、どうしても発音しようとすると力が入ってしまったり、┌と∨で音色が変わったり、リズミカルにならな

かったりと弊害が出てきます。一見すると巨匠ハイフェッツやミルシテインなど、指を伸ばしているのを見て「あの人たちも危険な角度じゃない？」と思うかもしれませんが、手のひらは、実に見事に自然の位置におさまっています。腕から指に至るまで、すべてが自由自在になった形でしょう。

真希ちゃんのお父様が私の兄弟子にあたることで私はふと、マルシュナー氏のレッスンを思い出しました。弓の震えを恐れたり、コントロールの結果を焦って早く出そうとすると、かなりハイ・レヴェルのプレイヤーでも陥りやすい好ましくない右手の動きを改善するために、彼は実用にはもちろん適さないが「ひとつの考え方」として私に教えてくれたことがあります。

それは、元弓で構えたとき、人差し指を**写真2**のように、スティックの上方に乗せるのではなく横に位置させるというもの。元では、何とか持って構えることができるのですが、ずっとVで弾いていくと、中弓あたりで先へ動かせなくなります（**写真3**）。右肘を下げることはできません。そしてそこで普通の位置に人差し指を戻してやると（**写真4**）、理想的な形におさまる……という考え方です。

写真2

写真3

写真4

この考え方は肩の位置、肘の位置、手首の角度など、改善していく方法として大変有効で、わかりやすいものです。誌面での説明で、どれほどわかっていただけるか心配ですが、真希ちゃんは、すぐにできました。すると**細かい音の動きを右手で弓によって表現するためには、指や手首を先行させるのではなく、腕の大きな筋肉を動員することによってのほうが近道である**、ということを体によって理解できるので、音を耳で判断した直後に、ひとつの手がかりを得ます。彼女は方向を見つけたようです。将来、一緒にアンサンブルできる日を心待ちにしています。

Case91

　小学校３年生の中川茉莉花ちゃんは、まだ小柄ではありますが、分数楽器とそれに合う短い弓を使いながらも、体で音楽を積極的に表現しようという態度がとても素直に伝わってきます。

　一般的に、低学年の子供たちは、何か難しいことをやっているんだという、ともすると脅威すら感じているのかな、と思うほど体をこわばらせたり、あるいはヴァイオリンを弾くということが、どんなことなのかわからずにボーッとしてしまう……などの要素が、レッスンの中の様子で感じ取れることが、多かれ少なかれあります。これは恐らく、自発性よりも、やらされているという意識のほうが勝っているからではないでしょうか？　またリラックスしていて、いつもニコニコしている子供の場合、練習をしてこなくても平ちゃら、という迫力不足型も見受けられます。やはり、この時期はその子の個性や才能もさることながら、親や先生の影響が大変大きいのです。

　彼女のお母様は、大変熱心な方です。しかしこの親子は本当に仲良さそうで、できないことに絶対ネガティヴに反応し合わず前向きなのには好感が持てました。指導する先生も、良いお人柄と察します。

■左の指は上のほうから！

　先日、本番でブルッフのコンチェルトの第１楽章を弾いてきたそうで、それとクロイツェル教本の第30番を聴かせてもらいました。

　この歳で、ブルッフを演奏することができるのも驚きですが、そこから出てくる音楽がすでに大人びていることにも驚かされました。

　今回は、レッスンの中で見つけた指の形にスポットを当てて解説していきましょう。

譜例1　クロイツェル教本／第30番

　譜例１は、クロイツェル教本第30番の、冒頭から８小節目までです。このエチュードは、１、３、５、７小節目のフレーズに表されているように、２拍目の裏の１の指を置いたまま（離さずに）３拍目を演奏し、小指を伸ばして音を正確で、かつ良い音を保って表現しましょう、という

狙いのある曲です。彼女は当初、**写真1**のように、3の指が内側に折れ曲がるようにして4の指（小指）の音をとっていました。この形では、何度か練習して、なんとかとれるようになっても、1の指がずれやすく、音質も悪く、音程も不安定になります。ネックに対して指の付け根の角度が臨時に極端に変化してしまうからで、コンチェルト等でこの音形に出くわし、この形で弾くと、前後のフレーズまで音楽的にもテクニック的にも悪影響を及ぼしかねません。

写真1

写真2

　左手の肘を入れて、楽器を幾分スッと高めに構えるつもりで指全体を高い位置から押さえてみましょう。3の指（薬指）の長さが邪魔に感じるかもしれませんが、爪に近い関節が爪側に折れるいわゆるマムシの状態になっても構いません。内側に巻き込むように折れ曲がるより、ずっといいからです。体の柔軟な茉莉花ちゃんは、いとも簡単にやってのけました（**写真2**）。

　この症状は子供大人問わず、しばしば見受けるもので、何年かこの形で弾いてきてしまった人は、直すのにもそれなりの時間がかかってしまいます。子供の成長に合わせて楽器を大きくしていくときも要注意です。フル・サイズに乗り換えるタイミングは、特に重要。大きく立派な音に憧れて、焦って早めにフル・サイズにしてしまい、指の形を見失い、スランプに陥る……よく聞く話です。

音の出るメカニズム

質問コーナーを問わず、至るところで、弓の持ち方、デタッシェの方法、スピッカートのコツ、元弓の使い方など、さまざまな質問を受けます。大体は、当初、左手の作り出す音程に気をとられ、時間を費やしてきて、右手（ボウイング）のことを軽視し、ある日、表現するテクニックの壁に突き当たってしまった人たちです。

正しく教えられていても、はじめから間違ったボウイングをしていて、悪い癖でそのまま何年間も弾いてきた人もいます。左手に比べ、体の内側（目に見えない部分）で感じ取り、展開していく、この右手のボウイングは、教えるのもひと苦労です。その人の体に入れ替わって入っていけないのですから……。そして、逆に、つかんでしまえば、左手の訓練よりも、より音楽の深い位置にまで立ち入れるし、楽しいものなのです。

このコーナーでは、私が考え、実行しているボウイング・テクニックを各種の質問に答えるべく書いていこうと考えました。マン・ツー・マンができるに越したことはないのですが、いろいろな情報からヒントをつかんでいただければ幸いです。

■ 音の出るメカニズム

かつて、弦楽器には弓はありませんでした。ハープの前身や、ギターの前身のような楽器群を博物館で見た覚えがあります。指ではじいていたのです。そして、このはじいた音を、人の声のように持続させたいという動機が、"弓を使う" ということに発展していきました。（詳しい楽器の歴史は、別の文献で見てもらいましょう）

ヴィオッティ（1755-1824）時代に、現在の弓の形状が登場します。それまでは、古楽器時代の弓で ▬▬▬◢ ではなく ◣▬▬▬ で、弓の中央がいちばん木と毛の距離があったのです。古楽器を使用してのバッハやヘンデル、モーツァルトなどの演奏は、ヴィブラートがなく、開放弦も多用し、音は中ぶくらみです。弦に軽く接している弓を動かしたときのスピードによって音を出したのです。いわば「アタック」というものは、弓の移動の速さによって弾き分けられていた、と考えられます。バッハやモーツァルトは、頭の中にそんな音を鳴らしながら曲を作っていったのでしょう。モダン・ボウ（現在の弓）で古典の曲を演奏するときに、おのずから音の処理に神経を注いだり、アーティキュレーションにこだわってしまうのは、そのためなのです。

そして時代が流れ、ベートーヴェンが登場し、ロマン派へと移行していきます。作品の様式感もだんだんと変わっていき、楽器の機能をフルに生かし、音楽の表現の幅もより広く要求されるようになりました。サロンや大広間という会場から、ホールへと、音楽文化の門戸が開かれだします。当然、小音量から大音量まで、よく響く音も要求されます。弦長も長くなり、バスバー（力木）も長くなり、顎当ても開発され、20世紀に入ってからは、スティール弦まで登場します。

前置きが長くなりましたが、これらのことを踏まえた上で、現在のボウイング・テクニックの基本を考えたほうが理解しやすいのでは、と思ったのです。

ひとつの「音」を考えてみましょう。無音の状態から、何らかの方法で「音」が発生したとし

ます。そして時間が経ち（例えば3秒とか）、その音は消えるでしょう。時間の流れの中で、音の位置を認識するには、音の出た瞬間を認識することになります。強いアタックは、わかりやすいですね。やわらかい発音でも、何らかの音の立ち上がりがなくては響きません。ピッツィカートは、はっきりしています。しかし、すぐ音は消えてしまいます。バロック・ボウは子音を含んだ音の立ちより、母音をすっきり発音させる弓です。ボウイングとして共通のテクニックのほうが項目としては多いのですが、**モダン・ボウは、ピッツィカートの音の立ちと、バロック・ボウの余韻を両方兼ね備えたもの**、と解釈しましょう。

指ではじく弦楽器に対して、弓を使う弦楽器を「擦弦楽器」などとも言いますが、この「擦」「こする」という意味に、演奏上誤解を招く言葉の響きがあります。大多数のプレイヤーは、何らかの力で、弓をこすることによって音を出そうとしています。しかし、モダン・ボウは「こする」動作の手前に、大変重要な動作が必要なのです。

弓が弦に初めて接触する瞬間です。よく、「弦に弓を置いてから弾きなさい」と注意された人もいると思います。大切なことです。無造作に乗せて、弦の上をベリベリと動いたり、ぶつけるように音を出しても、よい"ピッツィカート"は発音しないし、きれいな余韻も出ません。リズムも不正確になります。ですから、気をつけないといけないのは、**弦に弓を置くのも、リズムの中に入ってなくてはならない**、ということです。

弓は弦に乗せた瞬間、強さに応じて、ある緊張が生まれます。その緊張が、左右どちらかに解放された瞬間に、ピッツィカート的発音が発生します。これが、■か∨の始点です。この強さで、音量や音色が決まります。発生した弦の振動を邪魔しないように、これは「擦る」わけです。

例えば、スピッカートは、弓が上から下の弦に向かって落ちていくのではなく、解放された弓が、弦から跳ね上がっている連続と考えましょう。**持っている指は、常に弓先の重みを感じていなくてはなりません**。指先（特に親指と小指）は、弓先と対話している。やり取りをしている状態が、想っている音楽を楽器を通して表現するのに大変プラス要因であることを、もう一度確かめてください。

というわけで、次は弓の持ち方を説明しましょう。

Case92

　中学・高校と部活のオーケストラでコンミスを務めていた尾嶋文佳さんは、大学1年生にしてはオケに慣れている様子です。ただ従順すぎるというか、指示されたことを消化していこうという意思は伝わってきますが、体を使って自分の音楽を表現していこうという自由さが少なく感じます。というよりは「自由さ」というのが具体的には、どのように演奏していったら出てくるのか？……と戸惑っているかもしれませんし、そこまで考えを巡らす余裕を感じていないかもしれません。

● 悩んでいるところ ●

　実際に音を出してもらうと、下げ弓にそれほど違和感を持ちませんが、上げ弓の際、根元のほうに移動するにつれ、肘が下がっていきます（**写真1**）。肘が低いことを注意すると、今度は不自然に肘が高く推移して行き、肘を上げたことによって、より能率の悪い動きになってしまいます（**写真2**）。直したことによって何か良い結果が生まれることがない、というものです。

写真1 　　写真2

■腕の形を作るための一つの考え方

　こちら側から見て、肘の低さが音に大きく影響を及ぼしていることは明らかなのですが、以前からずっとこの形で弾いてきた彼女にとって、自分の出す音が日常的になってしまい、より良い音への欲求がボンヤリした理想にとどまってしまっているようです。さまざまな音色をコントロールする音楽感は持ち合わせていると思います。今回は、肘の高さをキープするための一つの考え方と、その実行を尾嶋さんをモデルにして説明していきましょう。

　「肘が低い！　きちっと高さを保って！」と注意されれば、当然のことですが、今弾いている肘の高さを上へ上げます。シンプルにこの動作をすると、肘より高い位置に手をもっていって支える力にプラス肘を上げる肩の関節も動員して、緊張している部分が増えるだけで、良いボウイン

写真3

グへの方向は見えにくいのです。では、どう考えるか？

　肘が下がっているのではなく、下がっている肘から手を高い位置に力を入れて、間違った保持をしている、と考えましょう。写真3は、よく暴れている人や、逃げようとしている犯人をつかまえて、動きを制するために押さえる方法です。ここでは彼女が暴れる人の役です。手は動きません。想像つくと思います。この形のまま、肩の位置を変えずに、中弓あたりの形を作ってみましょう（写真4）。相当、腕のやわらかい人でも、手がブラリと下がってしまうことはないはずです（肩が前方につっこんでしまうことのないように）（写真5）。肩で腕の重さを保持すれば、肘の屈伸はアップ・ダウンに専念でき、手を高い位置に保つための力は不要になります。腕の重さも乗りやすいのです。文章では、なかなかうまく説明できないのですが、いつか再び、何か違った方向から説明したいと思います。

写真4

写真5

　尾嶋さんにはクロイツェル教本の第24番を勧めました（譜例1）。8分音符は全弓、16分音符は、上半分か下半分の弓で。左手はオクターヴのダブルの連続です。しかも比較的やさしい音形ですが、とてもゆっくりと♪＝120くらいで弾いてみましょう。弓と弦との関係は二重音なので、G線とD線、D線とA線、A線とE線、の3種類の角度だけとなりますが、少しでも接点が乱れると、音も乱れやすくなります。肘の高さの位置も3通りと限定されます。このエチュードで、目指す理想の音作りの入り口を作っていきましょう。

譜例1　クロイツェル教本／第24番

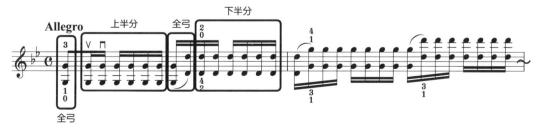

Case93

　NTTフィルハーモニーは、休日に練習をしています。今回は、弦セクションの分奏をトレーニングしました。今度のコンサートのプログラムは、ラヴェルの作品です。

　ここでは、「展覧会の絵」の冒頭部分にスポットをあててみましょう。

譜例1　ムソルグスキー（ラヴェル編曲）／展覧会の絵より冒頭

　譜例1は、ムソルグスキー作曲ラヴェル編曲の、管弦楽組曲「展覧会の絵」の第1組曲 "プロムナード" です。あの有名なテーマが、まずトランペットで奏され、3小節目からホルンもトロンボーンも加わって、荘重な音楽が響きます。そして9小節目に、今度は弦楽合奏でメロディを受けます。その1小節後は木管との合奏に移り、再び、弦だけの1小節間。ここは弦楽合奏の美

しさが盛り込まれている貴重なフレーズです。金管、弦、木管、のコントラストが、短い時間に、鮮明に表現されているすばらしい場所で、私の主観で言えば、この9小節目を聴くたびに、「弦楽器はいいなぁ」と思い、「音楽会に来て良かった」と感じます。

　NTTフィルの弦のセクションは、皆さん落ち着いたムードを持っており、大人のアンサンブル、といったところです。出席率の良さは抜群で、文化の日、家族の冷たい目線に耐えながら家を出た人もあろうと思われます。しかし、全員が生き生きとしていました。

譜例2

　例の9小節目です。弦楽器奏者の本能とでもいうのでしょうか？　良い音がします。問題は10小節目です。木管が重なってきますが、分奏ですから、当然弦セクションだけで演奏します。し

97

かし、頭の中では木管の響きを想像し、音ひとつひとつのフォルムを考えて弾いてみましょう。
（★マークの付いた部分です）

　これは、管弦楽曲では頻繁に出てくる音の重ね方です。★の部分を声に出して歌ってみましょう。

「タン　タン　ターラン　タン　タン　ターラン　ターラン　ター」

　管楽器を意識すれば、このようになります。先ほどの9小節目を気持ちよく弾いた後、そのままの気分で10小節目に入ると「ター　ター　ターラー　ター　ター　ターラー　ターラー　ター」となってしまいます。この傾向はNTTフィルの弦セクションに限ったことではなく、しばしば見受ける、しかも、高級な問題です。

　出席率が良く、人数が多いときにしか注意できない項目のひとつであることも確かです。**管楽器と弦楽器が同じ形を演奏するとき、音のフォルム、特に音の処理の仕方にずれがあると不揃いで、伝わってくる音楽も希薄なものになってしまいます。**

　ヒントを言って何度か弾いてもらったら、理想の音の形に落ち着きました。全員で音を揃えると、音程や音色も揃ってきます。そして個々が積極的に音楽を表現することにつながるのです。

　次回のコンサートに、大きな期待を持ちました。

弓の持ち方

　"右手のこと"（1）では、音の出るメカニズムを説明しました。古楽器と現在の楽器での弓との形状の違いが、どのように音の出方の違いにも影響があるのかが、おわかりになって頂けたら嬉しいのですが、元をただせば〔ボウイング〕の主たる原理は変わりません。時代によるさまざまな開発はありましたが、これはあくまでもこの"原理"に則って移り変わっていったもの。このことを、ぜひ忘れずに今後の説明に耳を傾けてください。

　右手というと手首から先をつい連想しがちですが、このシリーズで言う「右手」とは、右腕から指先、この全体を指して言います。しかし、今回は手首から先のお話です。もっと言えば指先のこと、つまり指と弓の接点にポイントを絞って説明します。「回りくどい言い方だな。要するに弓の持ち方だろ？」失礼しました。まさにその通りですが、今一度落ち着いて、汚れのない平らな机に、弓の毛を下にして弓を立てて、元を右側に先を左側にして、ゆっくり読んでください。"弓の持ち方"という表現を「ヒョイと持つ」あるいは「つまみあげる」等、速さを伴うイメージは今、除外し、今までの持ち方は脇に置いておいて、新しい情報を取り入れてみましょう。

　人により手の大きさ、指の長さ、関節の位置等は、当然違いがあります。今までのやり方がやはり正しかったと思った人は、その裏付けに。うまくいかずに、ずっと迷っていた人は、これを何らかの手がかりにスキルアップしていきましょう。

　腕の付け根から弓先までを見てください。一番太い部分の付け根から順に、肘、手首、と細くなっていき、手のひらに至ります。そこに指が付いていますが、親指が一番太く、小指が一番細い。小指より細いのが弓の手元に当たる部分です。ここは弓の最も太い部分で、先へ行くに従って細くなっていきます。つまり、「腕の付け根から弓先までは、長い1本の弓である」と、イメージしましょう。1本のしなやかな弓にするべく手と弓の重要な接点は指先です。ですから、しつこいようですが、安易に「持ち方」と考えず、そのメカニズムをズームアップして納得してください。音楽を表現しようとして気持ちを伝達する非常に重要な"接点"です。このことを再確認することにより、達成への道のりがスムーズになることも確かなことですから。

　まず、ひとつのよく見受ける症例を紹介して説明していきましょう。

　写真1です。まるでぬ濡れ雑巾でも、つまみ上げている形ですね。手のひらを汚したくない意識が働くので、濡れ雑巾と手のひらとの距離を、なるべく離そうと考えてしまうのです。これは2方向からの力によってのみ、つかんで持ち上げようとする形で、"接点"という感覚からは遠ざかってしまいます。

写真1

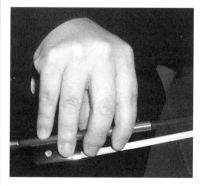

図1

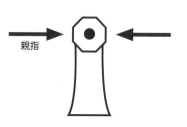

親指

以前にも説明した図を今一度出しましょう。**図1**は、弓の手元の部分を後ろから見たものです。**写真1**のように弓に接すると、力は〔→〕で示す2方向からとなります。仮に10の力で弓を持ち上げようとしたら、「親指5」「他の4本の指5」の割合で、力を必要とします。親指以外の指の役割は、4本とも同じということになりますね。そして、弓の縦への動き（木と毛の関係）に関しては、ほとんど管理できません。

　この形は極端な例ですが、指に不必要な力が入りコントロールしにくくて悩んでいる人たちは、ほとんど、この傾向にあります。「小指は木の上に乗せることは知っているよ」とはいえ、なかなか小指の本領を発揮させるのは難しいものです。

　弓と指の接点であり、かつ、ここにある指は、弓を支えなくてはなりません。腕の付け根から弓先までを一体のものとし、奏者の音楽的衝動を楽器に伝える大切な場所は、決して汚いものではなく、怖いものではなく、厄介なものでも、難解なものでもありません。まるでヒヨコをつかんで移動させるくらいの、やわらかい接し方をイメージしましょう。すると、力の方向は**図2**のようになります。若干の角度の相違は人によってあるでしょうが、図の〔→〕に書いてある指が、その方向に行くと感じてください。約3方向からスティックの芯に向かって最小限の力で接する、効率の最も良い方法です（**写真2**）。

図2

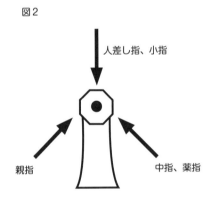

写真2

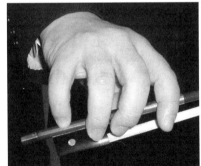

　図1のようにヒヨコを持つと、つぶれそうですよね。まずは弓を空中で持とうとせず、机の上で、弓と指の接点を確認しながら触れてみてください。**写真3**は下側から見たものです。

写真3

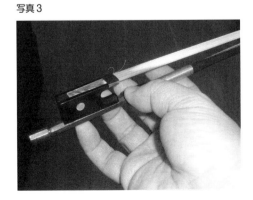

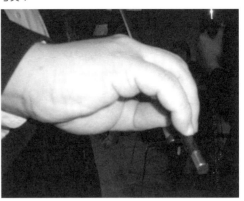

★親指は、中指より人差し指側に行かないように。言い方をかえれば、中指と人差し指の間に、親指が位置することのないようにすることが、重要なポイントです。

★親指は、外側に反り返って（まむし状態）してまわないように。

★小指は適度な丸みをもって、弓の上の面に乗せるように（**写真4**）。

★人差し指は、スティックに巻き込まないように。

とりあえず、こんなところでしょうか。机の上に弓を置いたまま、形がとれましたか？　この段階で弓が動いてしまったら、気持ちを落ち着けて、もう一度やり直してください。形がとれたら、今度は弓を、そーっと机から上へ5cmほど持ち上げてみましょう。おそらく、小指に弓先が垂れ下がらないための重さが、グッとかかってきます。そして思いのほか親指は、下から突き上げる力が必要なことを確認してください。持ち上げたとき、手のかたちが変わってしまったら、再び気を落ち着けて、もう一度試してみましょう。弓の重さを敏感に感じとりましょう。

親指は、とても大切な機能を司っています。スティックに巻いてある皮の上に位置させましょう。親指を安定させたいことから、スティックと毛箱の隙間に位置させるのが日本では定番ですが、求める音楽によって音質に変化を与えたくなったとき、親指は、いずれさまざまに位置を変えて答える役をすることになります。第一あの巻いてある皮は、親指の爪が弓を傷つけないように、とか、滑らないように、という役割でつけ始めたもので、バロック・ボウはもとより、初期のモダン・ボウにも、オリジナルは皮がないものでした。

私のドイツ留学時代の師、マルシュナー氏は、すばらしいトルテ（モダン・ボウの最高峰）を持っていましたが、ラッピング（銀糸や鯨の髭などで手元の皮から先に向かって巻いてある糸状のもの）も皮も付いてなく、それを私に見せて「ミヤマ、なぜ、そんなに力を入れて持つんだ？ 私はこれで、何でもできるよ」と、示してくれました。そのときスッピンの弓に驚いたのではなく、「そうか！　親指はもとより、弓のどこを持ってかまわないんだ」と合点がいったのを思い出します。毛箱に親指が当たって痛い人は、ぜひ実行してみてください。

弓を持ってみて、おそらく、ゆらゆらとして安定感に欠けると思うでしょう。あきらめないでください。自転車、スキー、スケート……思い出してください。重心さえつかめれば、必要な力とそうでないものが、徐々に鮮明になっていきます。何しろ、とりあえず、形を崩さずに持ち上げることに、専念してください。この形のままで、空中で弓を縦にしたり横にしたりと動かせるようになったら、ひとつ達成したと思いましょう。

次は、手首に関して、説明します。

シリーズ "右手のこと"（3）

手首について

"右手のこと"（2）で説明した「弓の持ち方」は、いかがでしたでしょうか？

一度、目を通してもらって納得したとしても、実際の動作は、そう簡単にいくものではありません。ただ、巨匠ハイフェッツも言っているように、「何かをつかんだときが、できたとき」という言葉を、本当に大切に感じて、繰り返し練習してみてください。「何かをつかんだとき」は、階段を一段上がったときです。完全にできたと思わないこと。必ず次の課題が出てきます。しかし、その課題は、階段を一段上がらないと見えてきません。そして個人差があります。一週間で二段上がる人もいれば、一ヶ月で二段の人もいるでしょう。つかむのが遅い人でも、ある日、別の項を読んで、一時に五段上がる人もいます。私などは後の口です。原因は主に、ある考えに、凝り固まってしまうことでした。

たとえば、「弓の持ち方」とはいえ、元でも先でも、ずっとあの形をキープしていなくてはならない、などと考えてしまう……本当はずっとあの形をキープしている気分は大事なのですが、実際には、そこに柔軟性というものが必要になるのです。「前回、説明しといてよ！」ということになりますが、あれこれ網羅してしまうと、複雑になることはあっても、理解しやすくなる点から遠ざかってしまうので、できる限りシンプルにしていきます。そのかわり前置きを長くとらせてもらいます。それは "観念" がとても大切だがら。このシリーズを順番に読んだあと、再びアトランダムに読み返すことによって、「何かをつかむ」と信じましょう。テクニック上達のためには、いろいろなコンテンツがありますが、それぞれが多様に結びついて、ひとつのことが、できあがっていくのですから。

* * *

本題に入っていきましょう。

ヴァイオリンを弾くかっこをしている光景を想像してみてください。たとえば「私、最近ヴァイオリン習い始めたの」「へぇ！　じゃあ毎日こんなかっこしてるんだ」などという会話の「こんなかっこ」のとき、左手は楽器を構えるかっこ、右手は弓を動かすかっこをしますね。

そのとき、手首から先をクニャクニャ動かして表現している人たちを、よく見受けるでしょう。イメージとしては決して間違いではないのですが、実際に弾いていこうという人には、いったん、このイメージは排除してもらいます。

弓を小さく動かしたいときに、手首の動きは、とても重要な働きをしますが、まずは中弓で♩＝60位のテンポでA線の開放弦を弾いている、という状態から始めたいと思います。ここでは弓の持ち方に変化は、とりあえず必要ありません。そして手首の、きわだった動きも必要ないのです。大切に感じてほしいのは、弓から返ってくる情報。"ボウイングの原点" とでも位置付けましょうか。

このことに関しては別の項で詳しく説明するとして、今度は、さっきの2倍の、2分音符の長さ、要するに1弓2秒で上下に動かしてみましょう。このときも、指も手首も動かさないで（※）腕だけでやってみます。すると当然のことながら、ボウイングの原則である【弦と弓は直角に交

差する】のは、ほんの一瞬、真ん中あたりで形作られるに過ぎず、弓は弦に対し、角度は変わり続けます（**写真1～3**）。

写真1

写真2

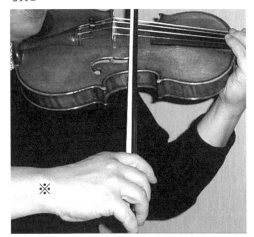

写真3

　弓をアイロンに置き換えれば、わかりやすいですね。アイロンを左右にまっすぐに動かしていくためには、手首の運動なしには考えられません。手首に課せられた最大の義務は、この動きを
司（つかさど）ることです。ですから、手首を自発的にそこだけを動かすというよりは、動きの流れに乗って動いていると考えましょう。この動きは、日常生活の中で見つけられます。ピアノの鍵盤は、まっすぐに並んでいますよね。人の手の動きはこれに対応すべく、指の形を変えていくのではなく、指の形をなるべく変えたくないので、手首の優秀な角度のキープに頼るのです。あるいは雨の日の、市バスのワイパーの動きを想像してみましょう。

　このように動きを分析し、さまざまな現象にあてはめていきますと、その部位（ここでは手首）の役割分担が、はっきりしてきます。ここでひとつ、弓と楽器と手首は、どのように結びついているか、ちょっとした実験をしてみましょう。

四角いお猪口か刺身醤油を入れるような小皿を用意してください。そこに水をなみなみと入れます。そして、あたかも弓を持っているかのように持って（**写真4**）、まず、中弓の位置で構え、肘の高さを変えずに、E線のボウイングの軌道を動かしてみましょう。どうですか？　小皿から水がこぼれないように、そして四角の角度が変わらないように気をつけようとすると、自然に手首がベストの角度を保っていきます。まずは、この動きを認識しましょう。

写真4

　後に全弓の説明をすることがありますが、全弓は案外難しいテクニックで、弦と弓とを直角に保つためには手首の動きだけではなく、腕の動き、そして指の柔軟性など、さまざまな項目を自然に流れるように使って成り立っていきます。そのときに、手首や指の不必要な動きは癖となり、排除していくのに多くの時間を要します。手首の動きは重要なポイントですが、最低限の動きで最大限の仕事をさせよう、と考えましょう。また、動きの硬い人は、最低限の動きに焦点を当てて、とりあえず、この動きにだけ注目して練習してみましょう。

 **質問コーナー**

　弓の持ち方等で悩んでいます。自分ではよくわからないのですが、力が入ってしまっているようです。小指が丸くならず伸びてしまうのです。弾き始めは丸くなっているのですが、弾いているうちに伸びてきてしまうようです。どうしたらいいのでしょうか？　また、脱力してと言われて脱力すると音があまり出ず、腕の重みを弦に乗せてと言われると、今度はギーギーした音になってしまいます。きれいな音で弾くにはどうしたらいいのでしょうか？　アドバイスをお願いいたします。

　　　　　　　　　　　　　　　　　　　　　　　　　　　　　　　　　　　　　（木村公香）

ANSWER 空中ボウイングを！

　弓が弦に寄りかかっている傾向にあります。一弓8秒、往復で16秒のゆっくりとした全弓をA線の上5mm〜10mm（当然音は出ません）で最低3分以上やってみてください。初めは相当弓がユラユラしますが形に気をつけて、気持ちを落ち着けて、考えながら実行しましょう。次に小さな澄んだ音を目指して同じテンポで弾いてみます。このイメージを大切に曲を弾いてみてください。

　このドリルは持続がものを言います。

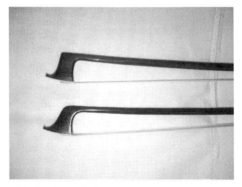

さまざまな弓の形（その一例）

Case94

　札幌在住の出山文子さんは歯医者さんです。お子さんのレッスンのときに、このポイントチェックも、ということで始めてみました。持っている曲はメンデルスゾーンのコンチェルトでしたが、今回はその第1楽章のカデンツァ部分。しかも後半323小節目の3拍目からカデンツァ終了までの場所です（**譜例1**）。

譜例1　メンデルスゾーン／ヴァイオリン・コンチェルト第1楽章より

重音が苦手なのだそうですが、この場所には重音は出てきません。しかし、この面々と続くアルペジオは、同時に２つ以上の場所を押さえなくてはならず、重音と同等と考えたほうがよさそうです。彼女はゆっくり弾きましたが、伴奏が始まる３小節前から、とたんに速く弾き始めました。

■流れるようなアルペジオを目指すためには

アルペジオは、なだらかな移弦の連続です。そして余韻<ruby>余韻<rt>よいん</rt></ruby>はハーモニーとなって響きます。この移弦について「腕の、どの部分を使うのですか？」と、よく質問されるのですが、「腕全体を効率よく使いましょう」とは正しい答えとはいえ、あまりにも漠然としていて不親切です。腕全体が硬い人には「肘の、上下を意識して行なうように」と、逆に肘ばかり動かす人もいます。そういう人には「肘から手首までをもっと使って」と指導します。出山さんは先ほどの話で出てきた、手首で腕の硬い動きをフォローしようとしていました。肘から手首までを有効に使っていくという考えがベストでしょう。

次に指使いです。323、324小節目だけのことなのですが、3rd.あるいは4th.ポジションで弾かず、譜例に示したように、オープンを使いましょう。決して間違った指ではないのですが、完全５度を押さえて音程が不安定になったり、響きが止まってしまう心配から逃れることできます。後は好みですが……それと指を押さえる順番ですが、一時に押さえるよりポイントとなる指（323小節目は②の指）を若干早く押さえることにより、指の形も音程も安定します。

伴奏の出る２小節前から速く弾いてしまう理由を聞いたら、「弓がうまく跳ばないから」だそう。結論から言えば、「弓は跳ばなくてもいい」です。それよりもテンポを守って弾いているうちに納得のいく音楽が響き始めます。「いずれ跳んでくるでしょ？」くらいの楽な気持ちでいましょう。タカタカと軽やかに跳ぶ弓は、憧れるものですが、それこそ「右手のこと」でものんびり研究していれば、ある日、知らないうちに弓のほうから跳び始めるでしょう。

親子でヴァイオリンを弾くのはなかなかいいものです。お互いに楽しみながら頑張ってほしいと思います。

私の経験より

　テクニックとは、情報を知るだけではなく、上達したい人の体に入って初めて達成するものです。また、前回 "右手のこと"（3）でお話ししたように、達成の後すぐ新たな課題が出てきますが、まさに "身につく" という言葉がぴったり当てはまるわけです。そして、そのためには情報（例えば、このコーナーの文章やレッスン）を元に、自分の体の機能を最大限に活用して覚えこませ、自然な動きになり、イメージした音に近づいていく、というのが理想的なのですが、そう簡単にいくものではないでしょう。実はここに、さまざまな問題が介在してきます。

　仮に、ある山の、山頂らしきものが見えて、そこに到達するべく山を登り始めるとしましょう。何の知識もなく、ただまっすぐに登り始めるのは危険も伴うし、登頂するまでに多くの時間と労力を必要とするでしょう。やはり経験者に登山口を聞いてから登ろう、ということになります。これが "情報" なのです。

　そして経験者に聞くと、ある人はA口がいいだろうと言い、ある人はB道が楽だからお勧めだよ、と言う。とりあえず、どちらかに決めて出発するでしょう。頑張って登りきり、ひとつ経験が増えました。そして別の山に登り、先の登山の経験をいかして能率の良い歩き方を実行します。ある日、再びAかBか迷った山を登ろうとしたとき、今度は別の登山口を選んだ。「この道をもっと早く知っていたら、ずっと楽しめたのになぁ」こんな思いが必ず少しは出てくるでしょう。

　しかし、このときに、最初に登った道は良くなかった、と思うことは避けましょう。ここが大切なポイントなのです。

　私は子供のころ、詰め込み形の教育はされていなく、そして、きちっとした基礎もトレーニングもされずに、自由奔放にヴァイオリンを弾いていました。

　小学校の高学年になり、桐朋の久保田良作氏のところへ習いに行ったとき「何もできていない」と言われ、まさに弓の持ち方から姿勢、構え方に至るまで、全部やり直しさせられたのです。子供心ながらショックだったのを覚えています。いい気になって弾いていたモーツァルトの第5番のコンチェルトは、子供が大声で歌っている童謡に聞こえてしまったわけです。

　それから毎日A線の開放弦を、休みを入れながらも、1時間は必ず弾き、音階、エチュードにも時間をかけました。次第にヴァイオリンを弾くのが辛くなっていったのだと思います。

　ある日、自分なりに封印していた（悪癖を取り去るために）モーツァルトのコンチェルトを思い切り弾いて、憂さ晴らしをしました。弓の持ち方も姿勢も構え方も改良した形でしたが、気分は童謡を大声で、の状態です。「押し付けて弾いてやれ！」と思ったのも覚えています。

　そのとき出てきた音は、今でも忘れられません。実の詰まった明るく朗々とした音でした。目の前のくもりが、サーッと引いていく感じで幸せな気分になり、次のレッスンの日が、初めて待ち遠しくなったのです。

　今、このことを冷静に考えると、確かに悪い癖があったにせよ、表現しようと思った "何か" は美しいものであったのです。近視眼的になっていたのでしょう。押し付けて弾いてはいけないのですが、適正な弓の持ち方で押し付けたので、悪い持ち方のときより、美しい "何か" が、ストレートに出てきたのです。

しかし、その後も私は、こんなことの繰り返しで現在に至っています。新しい別の情報が入ってくると近視眼的になるのは子供だけではない。かえって大人のほうが多いのではないでしょうか？　私が、しっかりした基礎を教えられる前、つまり好き勝手に楽器を操作していたときに培った美しい "何か" は、その自由奔放な精神状態が大きな要因と言えましょう。

　今、私は読者の方々に、私にとって最良と思ってきた登山口を紹介していますが、この道を鵜呑みにせず、ときには視野を広げ、勝手気ままに弾いてみてみましょう。また先生や先輩たちの情報とすり合わせるのも良い方法です。

　少し混乱するようなことを言います……例えば手首の使い方を直していこうと思いトレーニングをしているときは、そこにフォーカスを絞り、いわば近視眼的になって繰り返し運動をするべきなのです。この集中もとても大切。そして、疲れ、壁にぶつかったような感じになったらガス抜きをしよう、と言うわけです。

　もう少しわかりやすく言うと、それぞれのチャンネルを作ろう、というアイディア。生活の中では、家庭、職場、あるいは学校、プライベート…etc.　人は知らないうちにチャンネルを作っていますよね？　楽器にしても "ドリル集中" "オケ・パート譜" "音階" "憂さ晴らし" "大好きな曲" 等、自分でチャンネルを作れば、バランスの良い、不安の少ない音楽生活を送ることができます。

　何も１日で全部巡る必要は、まったくありません。一週間ずっと "音階" チャンネルでもかまわないのです。こだわりもいいでしょう。いずれ "憂さ晴らし" をしようと思える気持ちの余裕がありますからね。

　左手に課せられた仕事は、適切な音程やリズムに合わせた指の動き、そしてヴィブラートを作り出すことですが、これは、さぼると、すぐにばれます。

　右手に課せられた仕事は、リズム、音色、音量、ニュアンス、等々。耳がものを言う仕事ですが、音楽に対するモチベーションの有無が大変大きく影響するわりに、一瞬ばれにくい。弾いている本人すら気づかないことがあるほどです。自分の出している音に慣れっこになってしまう、ヴァイオリンに限らず楽器をやっている人々には、ついて回る落とし穴です。

　妙に日常的になり、面白みに欠けているなと思ったときも、ぜひ、"憂さ晴らし" チャンネルに切り替えましょう。

Case95

2002年の夏のころだったかと思います。私は京都で開催された「子供のためのヴァイオリン・コンクール」の審査員として参加したことがありました。前巻『目からウロコのポイントチェックⅠ』でも取り上げた記憶があります。あれは本当に暑い夏の日でした。

今回登場してもらう西川鞠子さん（10歳）は、実はあのコンクールに出場し、見事、金賞を受賞したプレイヤー。ブルッフのヴァイオリン・コンチェルト、第3楽章を聴かせてくれました。

● 悩んでいるところ ●

右手の硬さが取れない、というもの。彼女の先生も来られて、一緒に考えることにしました。

■いい形で指をきたえよう

西川さんは、曲をとてもきちっと練習してあり、伝わってくる音楽からは、誠実さを感じさせるメッセージが聴き取れます。この曲の第3楽章はリズミカルでエネルギッシュ。推進力が必要ではありますが、少しのルーズな音の運びでも緊張感がなくなり、クオリティの低い出来になってしまいます。そのあたりのことを先生はしっかり教えておられ、ポイントは、しっかりつかんでいました。

譜例1　ブルッフ作曲／ヴァイオリン・コンチェルト第3楽章

　気になった部分と言えば、音の長さ（4分音符や8分音符）の違いをきちっと弾き分けようとするのは良いことなのですが、それが目的になってしまい、音楽的な響きが損なわれてしまっていたことでした。場所は冒頭のフレーズ（**譜例1**）の形です。1拍目の4分音符の音の形に弾みがなく、平べったい音になってしまっていました。

写真1

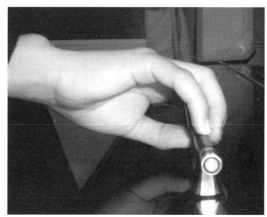 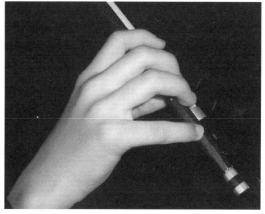

　原因は音の出だしに重さの乗りが悪く、その分、音の後半に押し付ける動作が入ってしまうことでした。弓の持ち方を再チェックしてみました。シリーズ "右手のこと"（2）〔弓の持ち方〕で紹介した方法です。平らな机（ここではピアノの蓋の上）に毛の部分を下にして、そーっと持ってもらいました（**写真1**）。とてもきれいな形です。この形のまま弾いてもらおうと思うのですが、実際弾き始めると、人差し指をスティックに巻き込んでしまう癖がありました。弓に重さを伝えて大きな音を出す場合、弓が動く瞬間、しっかりした指の力が必要になります。瞬間にしっかり、後、持続、というイメージが大切。

　すでに、さまざまなテクニックをクリアしている西川さんは、この一点を身につけることによって、階段を何段か登ることを確信します。

肘について

　右手のパーツの中央に位置する肘。この動きは、ボウイング・テクニックにおいて、大変重要な部分であることから、さまざまな情報があります。おそらく、教える側がかつて一番納得した方法、というものに、人それぞれ微妙に相違点があるからでしょう。

　弓の長さは一定ですが、腕の長さは当然、人によって異なっているのも、ひとつの要因といえます。弓の持ち方や手首の動きにも当てはまることではありますが、弓の元から先へ、あるいは、先から元への全弓はもとより、デタッシェ等は、肘の屈伸がその大きな動きを作り出すことでは、パーツの中で、肘がその役割のほとんどを受け持っていることを再確認してみてください。

　"屈伸" と聞くと、指や手首の細かい操作よりシンプルに受け止めがちになりますが、ここから発生する動きで、弓の毛が弦に接し、その反応に従い、指や手首が動作するのです。弓を持っている指や、手首の動きに気を取られて運動量を一番大きくする源となる「肘」が、何やら逆に「付随した動き」になってしまっている人を大変多く見受けます。

　弓の持ち方や手首の動きに比べ、抽象的でかつシンプル。しかもさまざま。となっていき、「まぁ、伸ばしたり曲げたりしていればいいかな……」に落ち着いてしまう。肩についての項でいずれ詳しく説明しますが、右手の大本（おおもと）の軸は胸鎖関節です。次に重要な軸が肘。人により手の長さ（肩から肘までと、肘から手首までの長さの比率や肩幅も考えに入れる）が異なりますので、"自分流" を見つけましょう。

　まず、楽器も弓も持たずに、楽器を弾いているイメージで、右手肘の屈伸をしてみてください。肘に故障がない限り、楽に動くと思います。この動きをよく体に覚えこませましょう。

　次に、楽器を構え、弓の中ほどを、弦に対し直角に置いてみて、さっき空中でやってみた動きを再現します。何も考えずに楽な気分で動かしたら、多くの人が弓は直角に動かず、弓先が、ぶれると思います。これは肘の屈伸を、体の前で左右に動かすのが原因です。**肘の屈伸は、伸ばすときは手のひらが左肩付け根から、体の前方に遠のいていき、元に戻すときは左肩付け根に向かう**、と考えましょう。

　どうでしょうか？　肘は外側には動きませんね。これがポイントです。この動きを認識せずに、弦と弓の接点を直角に保とうと悩み、指や手首の動きを工夫し、余計な力が入った状況で意識の外で、肘の屈伸が何とかうまくついて行っている経験を私自身しているのです。すんなり行くところを、無駄な手続きを多くしていたわけですね。

　賛否両論の課題は、肘の高さの設定でしょう。常に低くしておき、肩は絶対に上げるな、とか、元では高く、先に行くに従って低く、などです。極端な例では右脇の下に本をはさみ、落ちないように弾かせる、というのも聞いたことがあります。名手では腕の長いギドン・クレーメルやヨゼフ・シゲッティなどは肘が低めです。人それぞれといったところでしょうか？

　1本の弦（例えばA線）を弾く場合、元では高く、先に行くに従って低く……という考え方は、結果としてそのような動きになっている上手な人を見て、いつしか定説になってしまった、と思わざるを得ません。先ほどの言い方をすれば「手続きが多くなる」のです。ですから私は肘の高さの「設定」という言葉を使っているわけで、弓の中ほどで構えた高さを常にキープする意識を

持って、それ以上は元でも先でも下がらないようにしたいと考えます。

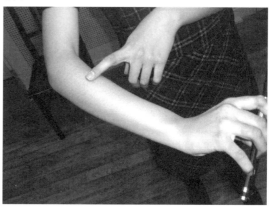

中弓から先へ向かってダウン・ボウを行なった場合、右手は丸いドアノブを左に回すイメージです。すると、肘は下がらず弓先へ行くに従い、音が希薄になったり、コントロールしづらくなったり、震えたり、ということが解決していきます。腕の筋肉の**写真1**で指してある部分に、手首の角度をキープするための緊張が生まれるはずです。それでいいのです。

私は「書」に関して、たしなみはありませんが、右手のメカニズムを考えるとき、子供のころ、小中学校での「習字」の時間を思い出します。初めの一歩として「一」の字を書きましたよね？姿勢は良くして中くらいのサイズの筆でのスタートです。肘と手首は机と平行を保ちました。先生には「肘が垂れ下がるとまっすぐ書けないぞ」「横着して手首で書くな」と注意されたものです。まずは楷書の練習からです。

行書、草書、と進むための基本は楷書。ボウイングも考え方は同じです。小筆でサラサラと手紙を草書で書くこともあるでしょう。バロック・ボウで古典作品を軽やかに弾くときなどは、まさに当てはまると思うのです。

問題は肘の高さを常にキープしたい、ということです。「力を抜け」と言っても、楽器と弓を構えるフォームがきちっとした上での話であることも、再確認しておきましょう。

何度となく言ってきていることですが、日本人は他の国の人に比べ、肘の低い人が非常に多いのです。腕を保持する体力（肩の外側に付いている筋肉）が弱いことと、これが強くなる前に手先の器用さで当面とりあえずクリアしてしまうことが定着したのでしょう。習字での中型の筆で書く楷書を思い出してください。

では具体的に。中弓で構え、そこで高さを設定します。原則として弓より低くならないように。もう1人仲間がいたら、弓と腕にかけて仲間の弓を通してもらいましょう（**写真2**）。弓と弓とが直角、仲間の弓は床と平行です。今まで肘が低かった人は、大概、肩が前へつっこんでしまいます。肩の位置は変わらないように！　慣れない人は辛い形でしょう。今さら、形を変えたくない人もいるかと思いますが、この形でのメカニズムで出てきた音に何か新しい響きを感じ取ってみてください。

質問コーナーより

弓を持ったときは、親指が毛には触れてないのに、弾いているときに触れているのか、弓の毛がそこだけ黒くなっちゃいます。教えて頂いたように、小指を上にして弓が寝ないようには直してるつもりですが、動かしてるとき、親指の曲げた所を毛に触れて支えてる気がします。やっぱりこれはダメですか？

（札幌市　森井光恵）

＊　＊　＊

この質問で、今回はボウイングの、ぜひ知っておいて欲しいポイントを説明していきましょう。

私は子供のころ、フロッグ（手元の毛箱）から出ている毛がベタベタになり、黒く汚れていく自分の弓がいやで仕方なかったのを思い出します。「どうせ松ヤニで汚れるのなら、手元2〜3cmに松ヤニを塗るのをやめちゃえ」とばかり、鉛筆でマークをつけて手元の毛は指が触れても汚れにくいように松ヤニを塗らなかったことがありました。しかし、この浅はかなアイディアは、2〜3日で断念するに至ったのです。わかりきっていることですが、元が使えないのです。黒く汚れているので、ろくな音は出ないだろう……と思っていたのですが、塗っていないよりは、はるかに音は出ていたし、やはり頻度の差こそあれ、元も使っていたのです。

再び汚れと戦う日々が始まった、というわけです。ある人は、親指が毛に触れたくないばかりに、指の押さえる形を変え、反り返らせて持ち、悪癖が身に付いてしまい、直すのに時間がかかった、という話も聞いたことがあります。

汚れに対する結論は、「どの道、少しは汚れてくる。神経質になるな」ということです。ところが、これは本質的な解決ではありません。

森井さんの小指は、おそらく、弓が寝てしまっているときは、スティックに真上には乗っていないと思います。原因は3つほど考えられます。1つ目は、親指の位置が、真下か、真下に近い部分で押さえている場合。2つ目は、親指に対する人差し指と中指が、弓に対して浅めに持っている場合。この2種類の原因は、お互い関連があります。

今回は3つ目の原因、**弓が傾きすぎて親指に毛がついてしまう**、ということにスポットを当てて説明していきましょう。

もう30年以上前になるでしょうか？　NHK教育テレビで「バイオリンのおけいこ」という番組がありました。名だたる先生方が講師を担当されていましたが、その時期は田中千香士氏でした。私は当時「弓は、元から弾き始めるとき、毛を全部使わず、少し指板側に傾けましょう」という説を、当たり前のように頭から信じ込み、無意識にそのように弾いていました。指が毛に触れて汚れていた頃です。田中先生は「ボウイングにおいて注意するべきこと」という項目の最後に、「弓の毛は、必ず全部使って弾きましょう」と仰いました。「えっ？」と思ったのと同時に「やっぱりそうか！」と感じたのです。弓を傾けて弾くということは、弦に接触しない毛もあるわけで、張ってある意味がない、と単純に考えていたからです。

実行してみると、いつもより太く立派な音が出るかわり、少し、がさつな発音でした。しかし、半分の労力で倍の音が出たのです。

まさに、前回の"右手のこと"（5）で紹介した、書道における楷書、基本のボウイングという
ものです。テレビでこのように説明している田中先生は、大変軽やかで自由自在な弓の使い手で
す。弓を寝かせて毛1本で駒の遠くをすばやく全弓で弾き、絹のような音を出すこともやっての
ける。ですから、かえって説得力がありました。

　質問をくれた森井さんを始め、この件で悩んでいるプレイヤーは大勢いると思います。まずは
ビタッと弓の毛を全部付けて弾いてみましょう。初めはユラユラして逆に傾きそうになります。
そのうち**最低限の適度な傾き**を見つけることができるでしょう。これが、弓が弦に乗るときのバ
ランスです。

　わかりやすい例えを言うならば、アイススケートです。初心者は靴を履いて立ち上がると、ま
ずユラユラしてバランスがとれない。そして、とりあえず体の安定を保ちたいのでインサイドに
体重をかけます。アウトサイドに体重が移ると、転ぶ可能性がありますからね。そしてなんとか
立っている初心者を後ろから見ると、スケートの刃は、ハの字形になっています。これだと片足
で滑ることのできる時間は、ほんのわずかです。実際やったことがない人も、想像してみてくだ
さい。

　スケートは無様な形になって現われますが、ヴァイオリンは傍からバレにくいので、こんな悩
みの人が多いのだと思います。バランスがとれたときの充実した音を知ることが、最短の解決法
です。デタッシェ、スピッカート、マルテレ、ソティエなど、さまざまなボウイング・テクニッ
クの原点と位置づけていきましょう。

　まず、実行してもらいたいエクササイズは、中弓で構え、弓の毛を全部付けて、鏡を見る。弦
と弓の交差を直角になるように注意しながら、クロイツェル教本の第2番（**譜例1**）を、中央
15cmくらいで、楽に（弓まかせで）弾いていきましょう。

譜例1　クロイツェル教本／第2番

　次に、音2つをスラーにして、弓幅を倍にするなり、自分なりのヴァリエーションで今まで
入っていた無駄な力をそぎ落としていくのです（肘は下がらないように！）。あまりにも弓が不安
定になる人は、当面、弓の張りをゆるめにして練習してください。

　スケートで言えば、片足で滑走できるようになったら、適度な傾きを、音量、音質に応じて、
設定してみましょう。

Case96

　刈谷市民会館アイリスホールに於いて、愛知県ヴァイオリン指導者グループ主催の第26回「子供のためのヴァイオリンコンクール」が開催されました。今回登場してもらう年中組の福田廉之介君は、参加者のほとんどが年長組園児の中に入って見事金賞を受賞しました。（参加者30名のうち年中組はわずか5名！）小柄な体格、小さな楽器にもかかわらず、その生き生きとした表現は、私も含め審査員一同、大変感動したのを思い出します。彼は、ステージ上でニコニコしていました。

■理屈で説明しない

　ファーマー編曲のホーム・スイート・ホームを聴かせてくれました。先生は岡山在住の河野園子さんです。きちっと教えられており、廉之介君もヴァリエーションのキャラクターを自分なりに消化して、くっきりと、弾き分けています。コンクールのときより一層表現豊かになりました。

　もっと上を目指していくために、何点かアドヴァイスをしました。このくらいの年齢の子供は目が素直で、こちらに注意を向けているか、気が散っているかがすぐにわかってしまいます。彼は、私が何かの説明をすると、じっとこっちを見る……というより、すっとこっちを見ます。ストレスも変なテンションもありません。難しい言葉での説明をしないかわりに、私は歌ったり踊ったりしながらレッスンを進めました。大人に百の言葉で説明するより、伝わり方は、はるかに早い。廉之介君のように吸収力のある子供は、一瞬にして自分の物にしてしまうのです。理屈抜きなのです。

写真1　　　　　　　　　写真2

写真3　　　　　　　　　写真4

曲想やリズム、音程は説明しやすいので、少し構え方を直すことにしました。楽器を体の前方に低めに構えてしまう癖があります（**写真1**）。これは、一般的に子供に多く見られるのですが、ここで私は「胸をはって楽しそうに、堂々と」という内容の感じをイメージ重視で直していきました（**写真2**）。楽器の位置も、あごを少しテールピースよりにして肩の上の方にしてみました（**写真3～4**）。ちょっと弾きにくそうです。しかしときどき良い音がでると、すごく嬉しそうです。私も一緒になって喜びました。嬉しかったのです。

とても素敵なご両親のもと、深い愛情を注がれつつ素直な感性がストレートに出ていました。大きくなっていくのが大変楽しみです。

 質問コーナー

ダウン・ボウの中弓のときに弓が震えるのですが、どうすれば直せますか？

（読者より）

ANSWER

よくある症状です。弓を押し付ければ震えないのですが、これは、一番避けたいこと。あなたも、そうしたくないので、震えに悩んでいるのですよね。

腕に余分な力が入っていると思われます。「右腕は、肩の外側の筋肉（三角筋）で、吊り上げる」という意識を強く持ちましょう。このことを認識していないと、いやな緊張が腕全体に広がってしまいます。

もうひとつ。人差し指が、必要以上に乗ってしまうことが原因です。

試しに、肩に力をいれ、上げて、人差し指もスティックに触れずにダウン・ボウを弾いてみてください。震えません。この感覚を覚えて適正な形で弾いてみてください。

Case97

村岡聖子さんは専門的にヴァイオリンを学習してきた方で、音大を卒業して地元で楽器を通して文化面において活動しています。毎年、何人か音大に入学する分、おおよそ何人かは卒業していくので、学校において現在進行形で勉強している人の何倍もの数でプレイヤーがいることになります。しかし中には、残念ながら、さまざまな理由で、やめざるを得なくなった人もいることでしょう。私は、この「卒業組」に、もっと元気を与えたい、といつも思っています。ですから村岡さんのように、よりスキルアップを求めてエントリーしてくる人は大歓迎です。

卒業してからは、誰にも習っておらず「実際このままでいいのかしら？」と、大きな不安を持ってしまったそうです。以前にも彼女同様の悩みを持った人に何人か出会いました。それぞれに問題の箇所は異なっていますが、何らかの癖が増幅してしまったというパターンが一番見受けられます。今回もその傾向は見られました。曲はヴィニャフスキーのスケルツォ・タランテラを聴かせてもらいました。

■弓に気持ちで負けないこと

　官能的な音の持ち主です。やりたい音楽を表出したい気持ちが動きに出ていて大変好感が持てました。しかし、長い間の試行錯誤の後、体の芯の支えによって自然に発する動きから遠のき、右手に関しては肘から先の操作に、こだわってしまったようです。左手の形は、まったく問題なしですが……。

　持っている弓は、腰の硬いものでした。対話が難しいタイプの弓です。そして、彼女のほうが折れて、ご機嫌を伺っている様子……といった感じでしょうか？　元、中、先、と弓が移動する場所ごとに、持ち方を変化させているのです（**写真１〜３**）。ニュアンスを聴き取れるのは私を含め専門家だけで、一般には、フワフワと音が揺れている感じが先行してしまいます。

写真1

ロング・トーンをしている段階で、人差し指を巻き込んでいる

写真2

ロング・トーンをしている段階で、弾く場所によって、親指が反ってしまったりする

写真3

ロング・トーンをしている段階で、小指が浮いてしまったりしている

　一度、極力、形を変えないで弾いてもらいました。やはり弓が暴れます。しかし音楽は、よりストレートに伝わってくる。もうひとつの発見は、自然に腰が、すっとまっすぐになりました。

　さあ、村岡さんは今日から弓と膝を交えての対話が始まります。もともとの優れた資質が音になって現われる日が楽しみになってきました。

肩について

　前回は、弓が弦に乗るときのバランスについて説明いたしました。実際にやってみて、どうでしたでしょうか？　ある仲間にも、かつて説明したことがありました。彼は「味付けが濃くなった感じで今までとは違う音だ」という感想でした。決して、良くなったとは言いませんでしたが、数日後「今まで出したことがなかった音に出会った！」と喜んでいました。料理人に例えれば、調味料の配分を変えたようなものでしょう。しかし、変えた直後は、味のまとめ方がわからない。そして徐々に料理人の感性が新しい味の世界を開発していき、レヴェルアップしていく。こんな感じに似ています。頭の固い料理人には難しい問題かもしれませんが……。

写真1

　今回は、「肩」というモノは、どういった存在なのか？　ということを今一度確認してみます。そして、これがどのようにボウイングに関わっているのか？を説明していきたいと思います。気づかないうちに固定概念に縛り付けられている人も多いと思いますが（私もそうでした）、じっくり観察し直すと何か発見できるかもしれません。

　世間一般に「体のどの部分からが腕ですか？」と問われたら、恐らくほとんどの人は「肩からです」と答えるでしょう。Tシャツなどの、縫い目のところです（**写真1**）。たとえばリカちゃん人形の腕の付け根でしょう。彼女の肩の部分は胴体に連結していて、肩から先の腕は動くのですが、肩自体は、上下、前後には動きません。ここが生身の人間と大きく異なるところなのですが、我々生身の人間は、意外にその事実の認識に欠けているところがあります。人間は、肩を自由に動かすことができるのです。

　ためしに両手を天に向かって、思い切り上げてみてください。天井に届かせようと思うくらい思い切りです。両腕は両耳に付いたでしょうか？　人間なら構造上、付きます。もし付かなかったら、まず肩を思い切り上げて、それから手を上げてみてください。どうでしょうか？　それでも付かない人は肩の筋肉が硬い人で、肩こり症の人がそうです。最近は意外に子供にも多く見られますが、肩に対する認識を変えて、ストレッチをすれば思ったよりも早く付くようになります。四十肩、五十肩で悩む人も、「肩」とは何か？　もう一度考え、再発を防ぐことに役立ててください。

　足と胴体は、大腿骨と骨盤の接点である股関節でつながっています。では、手と胴体はどうでしょうか？　手の骨は、直接、肋骨（あばら骨）につながってはいません。背中に手の骨とつながっている肩甲骨がありますが、これも肋骨とはつながってはいません。手の骨は体の前方、肩

の内側に横になっている「鎖骨」と、つながっているのです。そして鎖骨は、肋骨の中央にある胸骨と胸鎖関節（図1）でつながっています。辞典では「上肢と体幹の連絡する唯一の関節」とあります。もうおわかりですよね？

図1

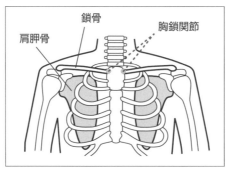

鎖骨は胸鎖間接によって上下・前後に動く

外見で判断される「手」と「胴体」の接点と、実際構造上の「手」と「胴体」の接点とは、はっきりと違う場所であることが確認できます。先ほどの説明で出したTシャツの縫い目は、構造上の腕の付け根ではないのです。ラグラン袖のトレーナーのような縫い目（写真2）だと思っていただければ、納得しやすいかもしれません。「肩から始まった手は、肘と手首と指の3つの関節で構成されている」と考えるのではなく、「首の下から始まった手は、肩と肘と手首と指の4つの関節で構成されている」と考えるべきです。

写真2

さあ、やっとここからボウイングの話に入りましょう。

「肩にそんなに力を入れないで！」私は20代の頃、自分のことを棚にあげ、何人の人に、このことをレッスン中に注意したことでしょう。自分は、なんとなく本能的にできていたのですが、メカニズムを把握せずに生徒に注意していました。どのようにして直していってよいのか、わからなかったのです。

最近、私のレッスンを受けに来る人の中に、やはり必要以上に肩に力が入っている人がいますが、人それぞれです。しかし今は、比較的早く、その人に合った適正な動きを伝えることができるようになりました。肩にかかわる周辺の筋肉が硬いのですが、どこかの筋肉が伸びて、別のどこかの筋肉が収縮してしまい、力が入っても、それが日常になってしまっている場合が多いのです。

実際に、こんな例がありました。

「昔、先生に、"肩を上げるな！　肩を動かすな"と言われていました」と28歳の女性。彼女は優れたプレイヤーですが、G線が鳴りにくいのです。G線に移っても肩を何しろ上がらないように注意して弾くことが、すでに体の中に入ってしまっていました。

「G線に移ったら、もっと楽に肩を上げて」
「いいんですか？」
「ここが腕の付け根の胸鎖関節だよ。
　ここから、ずーっと指まで、なめらかに手は伸びていくんだよ」

と説明しました。はじめ、肩を開放すると前方につっこむ傾向にありました。かつてこの形を指摘されたのでしょう。しかし、1週間後、彼女は完全な自由さを手に入れたのです。

　弓を動かすとき、実は肩も微妙に動いています。この自由は肩に許されているのです。そして肩から肘までの上腕は、より多く動いています。どんな動きでしょうか？

　ボウイングの基本テクニックで重要な項目——弦に対して直角に交わること。これは、もう聞き飽きた人も大勢いると思います。しかし、やはり相変わらず、弓先では右手が外側に逃げて直角が保てず、音が不用意に抜けてしまう人が本当に多いので、私はいつも「右手は体の前方に突き出すように」と言ってきました。これはスムーズな動きへの1ヒントです。そして、ここからの話はパラドックスと捉えられても仕方ありませんが、肩の微妙な動きと上腕の動きは、ダウン・ボウを始動するときは、肘鉄を食らわすときのような外側への動き。アップ・ボウを始動するときは、卓球のフォアで打つときのような内側への動きが要求されるのです。このイメージは、まず直角でのルートを確実に理解し消化してから再確認するべきです。無駄な力が入らずに胸鎖関節を始点とし、指先までのすべての場所を必要に応じて、能率よく使ってこそ、シンプルな動きが実現し、プレイヤーの音楽をリアルに楽器が表現していくことにつながっていくのです。

　すべての動きの源は、円運動です。直線に感じるものも、大きな円の弧の一部と考えましょう。ですから「弦と弓は直角……」とサジェストしますが、正確には「弦と弓は、おおよそ直角に……」ということです。"円運動"には完全な直線はありませんし、運動している間に、ある部分が「固定」したり静止したりすることはないのです。

　特に誤解の多い場所が肩なのです。先ほどのことですが、D線、G線、と低い音の弦へ弓が移動すれば、当然、右肩は自由に上がっていって、まったく構いません。というより、自然に上がるべきなのです。逆に上がったままの人もいます。こういう人は大概、肩が前方へつっこんでいる。右手の不安定要素をなくしたいがために、本能的に肩と手首の距離を少なくしようとしているのですが、肘は下がりやすくなり、弓の量も多く使えなくなるので、いいことはありません。腕は肩の外側の"三角筋"で支えて広々と使いましょう。

　まずは、弓だ楽器だの、ややこしくなる材料を手にして実行するより、手ぶらでイメージを把握していきましょう。

Case98

小谷 亮 平君は、玉川大学の部活のオーケストラでコンマスを務めていました。しっかりと音楽をつかんでいこうという姿勢は、なかなか好感が持てます。基礎的な力を付け直していきたい、ということで私のところへやってきました。

カール・フレッシュのスケールシステム、シュラディック、セヴシックOp.8〈チェンジ・ポジション〉この３つを勧めました。

● 悩んでいるところ ●

セヴシックが苦手だ、ということです。この本の小さく分けられているエクササイズは、曲というより音階形式のもので、１〜７番は1st.ポジションから2nd.ポジション、2nd.から3rd.へ、と隣のポジションに移っていく音階です。８番からは1st.〜3rd. 2nd.〜4th.へと、ひとつ飛び越えていき、本の最後のほうになると1st.〜8th.という大きな跳躍になっていくので、自然とステップアップできるように作ってある大変優れた教本です。小谷君は８番でつまずいていました。

■ずっと同じ圧力ではダメ！

セヴシックOp.8はC Dur（ハ長調）で書かれていますが、適宜調性を変更して、ソルフェージュ的な訓練も視野に入れて練習していくことを勧めます。私の場合、譜面の余白にAとかE♭とか書いて最後のページまでやっていき、再び元に戻り１番から別の調で始める……ということを繰り返し練習しました。

当初、小谷君は指の番号通りには動かしていましたが、音程が少し揺れている感じを受けました。指１本ずつで勝負している様子です。チェンジ・ポジションのテクニックの基本に「１の指は置ける限り弦の上に置いておく」という考え方があります。他の指も、なるべく弦の上に置いておくことが、今、どのポジションにあるのかをはっきり認識するためにも重要です。

このようにやってもらいました。確かに音程の揺れはなくなりましたが、はずれた場所が、よくわかってしまいます。要するに、ばれやすいのです。考えようによっては一歩前進ですが……

私が「１の指を基本に」と言ったところ、彼はずっと１の指を同じ強い圧力で押さえ、移動していたのです。これでは滑りの悪い引き戸のようなもので、移動にも余計な力を必要とし、はずれやすくもなります。**１の指によって音が出ているとき、１の指は指板と指でしっかり弦をはさむ要領ですが、位置を確認したり、移動しているときは、弦の上には乗っていますが、指板に届くほど強く押さえる必要はありません。他の指も同様です。そして弦の上を滑っている指の圧力は場面により変化するものなのです。**小谷君は機敏さを兼ね備えているので、逆になんとかクリアしてきてしまったのだと思います。呑み込みが早いタイプなので、このエクササイズを10日もやれば、かなりいい所まで行くと思います。

弓の取り扱い

　順番からいきますと、次はいよいよ「指について」の説明だろう、と思われた方もいらっしゃると思います。私もその予定でした。しかし、どうしても今一度、「弓」という道具の具体的な管理の仕方を説明しなければ！　と感じ始めたのです、ヴァイオリンを始めるときには、ケースを開けてから楽器を構えるまでの手順を教えてもらいますよね。しかし、それが当たり前のようにできるころになってからは、やりやすさにも個人差がありますので、先生方も特別に注意をしたりはしなくなります。

　かつて、私は自分の弓をある生徒に貸したことがありました。3ヶ月ほどたって戻ってきたときには、それは無残な状態だったのです。当然、生徒に悪気があるわけではないのですが、演奏するための道具の管理に関しては、私も特別アドヴァイスすることを、忘れていたことに気づきました。楽器演奏に限ったことではありませんが、その人の使っている道具を見れば、彼がどんな仕事っぷりか、なんとなく想像がつくものです。

　ただし、一応の扱い方を理解しているつもりでも勘違いしていたり、ルーズな扱いが当たり前になっている場合が多い。シャワーを浴びたり歯を磨いたりする生活習慣ですら、今までの方法を改善していきましょう、などのトピックが取り上げられているほどですから、ヴァイオリンのテクニック向上には、とても大切な項目と、位置づけましょう。

　では、項目に分けて説明していきます。

① 毛の張り具合を確認する

　スティックと毛が平行か、ひどいときにはスティックの反りが逆になるほど張っている状態で弾いている人がいます。ビギナーに多いのですが、強く張ればいいというものではありません。弓により差はありますが、スティックと毛の一番近寄っている中央あたりで、スティックの直径分程度の空間を作る目安（**写真1**）で張ってみましょう。一方、張り方が弱すぎる人もいます。ちょっと重さが乗っただけで、中弓あたりでスティックと弦が接触して雑音が発生しますし、スティックも痛めることになります。

写真1

② 使用しているとき以外は、毛は必ずゆるめる

　大概の人は実行していますが、たまに毛を張ったまま、ケースにしまっている人を見かけます。これは、①同様、弓には大変大きな負担になります。試しにゆるめてある毛を、ネジを使わず、毛箱を手で動かして張ろうとしてみてください。相当な力を入れても張ることはできません。ですから、少しゆるめてケースにしまう程度では、まだけっこうなテンションがかかっているので

す。毛が完全にゆるまった状態で、しまいましょう。弓の寿命にもかかわることです。ちょっとした休憩時間も、すぐにゆるめる心がけが大切です。張りっぱなしの弓は、椅子から落としただけで、打ち所が悪ければ折れてしまいます。オケの休憩時間での楽器破損トラブルで実際にあったことです。

③ 毛は直接手で触れてはならない

当たり前のことだ、と思われる方がほとんどだと思いますが、無意識に触れてしまっている場合があります。例えば、見ればわかるのに、張り加減を確かめるために、指先でブヨブヨと押さえてしまう。あるいは楽譜をめくる際に、不用意に楽器を支えている左手に弓を預けてしまい、あわてているのかスティックと毛を一緒につかんでしまう等です。一瞬なのでダメージはないように感じますが、毎日のこととなると皮脂が付き、黒ずみ、松ヤニの乗りが早期に悪くなってきます。弓の中央になぜかザラザラとした傷が無数に付いている弓を見たことがありました。原因は持ち主の譜めくりの仕方だと、後でわかったのです。

④ 使用後、スティックは拭くように

楽器の f 孔周辺に飛散した松ヤニを、しまうときに拭き取ることは、大概の人が実行しています。しかし、スティックに付着した松ヤニを見落としがちなのです。松ヤニは、べたつきますから、それ専用の布を用意して小まめに拭き取るようにしましょう。放っておくと湿気をはらみ、黒くカーボン状になって落としにくくなります。見た目が大変汚らしい。汚れてしまっている人は、次回毛替えの際、職人さんに拭き取ってもらい、今後は汚さないようにしていきましょう。シンナーなどの薬品を我々素人は不用意に使用してはなりません。

⑤ スティックと毛箱の接点

演奏せずに弓を持って待機しているときは、毛箱を軽く握っている場合がほとんどです。毛箱に付いた手汗は、しまうとき拭くようにしましょう。そして、張ったり、ゆるめたりする際、スライドするスティックと毛箱の接点は、ときどきネジをはずして（**写真2**）しみこんだ汚れを掃除しましょう。手汗の量や質には個人差があります。酸度の強い汗の人は、毎回拭くことを勧めます。

写真2

⑥ ケース収納時の落とし穴

　楽器のケースには、購入した時点で、内張りと同じ生地で作られたブランケットが入っています。楽器をしまうとき、なんとなく上にかけているものですが、このブランケットの大切な役割には、弓と楽器がケースの中で接触しないため、というのがあります。古い楽器に付いている傷には、弓の毛箱が当たって付いてしまったものを多く見ますが、収納にも細やかな気配りが大切なことを物語っています。また、ひょうたん形のケースの場合、ふたの形状により、弓を渡している所が平らではないものがあります。楽器の厚みに対してケースが薄めだと、弓も楽器も入れてブランケットをかけ、閉めると、弓が押され、月日が経つうちに、弓に左右にぶれた湾曲が生じてしまうことがあるのです。これも、張りっぱなしと同様、弓にとっては大きな負担となります。苦肉の策としては、逆の方向に曲がるように弓のしまう位置を変える方法がありますが、なるべく早く楽器の大きさに見合ったケースに交換することを勧めます。

⑦ 毛はいつ交換するのか？

　1年？　半年？　3ヶ月？　このタイミングは人それぞれですが、松ヤニが乗りにくくなって毛がつるつるしてきた感じがしたら、もうそろそろかな？　と思ってください。この状態になった弓は、松ヤニが乗ったとしても弾いているとわりに早く飛散してしまい、楽器に白い粉が付きやすくなり、音のつかみも悪くなります。また、弾いている間に毛がよく切れるようになったら、時期だと思いましょう。徐々に劣化していくので、気づきにくいものです。毛替えした日をカレンダーに記入しておき、目安にしましょう。

　「右手のこと」ですから今回は弓に限ったわけですが、楽器本体についても後で触れたいと思っています。

指の働き（その１）

　今まで、弓の持ち方に始まり、手首、肘、肩、とそれぞれの役割について説明してきました。言うは易し……といったところでしょうか？　理屈は理解していても、体はなかなか言う通りにはならないのが現実です。

　私は若いころ、肩の存在に疑問を持ち続けながら無理な練習を続け、とうとうある日、右腕が上がらないくらい痛めてしまったことがありました。肩の痛みがなくなってきたころ、何気なく楽器を練習していて、ふと力を抜くコツを自分なりに見つけたことがあったのです。プロ・プレイヤーは、多かれ少なかれ、このような体験をかつてしているはずで、何かをつかむということは、そう簡単なことではない、ということの証と言えましょう。

　さて、今回と次回に分けて、いよいよボウイングにおける指の役割と達成へのアイディアを紹介していきます。一番難しいポイントは、指先に神経が行き、力を入れると、肩を始めとする腕全体に、力が入ってしまうことでしょう。肩を壊したり、手首を痛めたり……の原因のひとつです。指の動きを習得することよりも厄介な課題になりかねません。

　例えば、免許取得のために自動車の教習所に行き、初めてハンドルを握らされた経験のある人の中には、「肩の力を抜いて！」と教官に注意された人がいるでしょう。ハンドルとの接点である手のひらだけに気持ちが傾いてしまうことによる、余計な緊張です。他にも、テニス、ゴルフ、スケートなどスポーツ系はもとより、今私が向かっているパソコンや、ナイフなどのキッチン用具の扱いにも同じことが言えます。

　解決策で一番手っ取り早い方法としては、「繰り返し練習」があげられます。同じ動作を何度となく繰り返すことによって、人は肉体的な疲労も手伝って、頭の中でさまざまなことを考え、それぞれ独自の最良の達成方法を最短の時間に見つけることができるからです。私がここで解説していることは、何度となく言ってきましたが「ヒント」の域を超えません。

＊　＊　＊

　右手のパーツで、まず始めに解説したのは弓の持ち方でした。その際、当面は指の動きはとりあえず視野からはずして考えましょう、と言いましたね？　自分なりに納得のいく持ち方ができていない間は、さまざまな場面に合理的に対応した指の動きは、なかなかうまくいくものではないのです。不安な人は、指の動きを習得しトレーニングに入る前に、もう一度「弓の持ち方」の項を読み直し、必ず弓の持ち方を再チェックしてください。そして、手首、肘、肩も、適正なポジションにあることを確認してみましょう。

　念頭に置いておいて欲しい理屈として、**指だけが独自に動いて弓を動かし音を出す、ということはありえない**、と思ってください。最小の動きでも、手首が加担しています。（手首だけを動かすと、当然のことながら弓と弦の垂直関係が保てません。）木の枝の付け根を肩と例え、これを揺さぶると、先の葉っぱが動きますよね？　そして木の枝の付け根より少し先の葉っぱよりの場所（肘と例えましょう）を揺さぶると、葉っぱは、先ほどより大きく揺れます。これは木の枝の付け根より速く動かせるという原因があるからですが、右手の動きによく似ています。

　親指に対して、人差し指・中指・薬指・小指をひとまとめに考えがちですが、まずは、このあたり

写真1

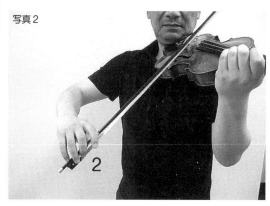

写真2

写真3

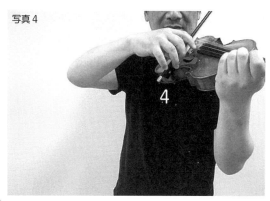

写真4

から考えていきたいと思います。「持ち方」の
コーナーで説明したことではありますが、それ
ぞれ指のスティックへ力の加わる方向は違い
ます。と同時に、弓が弦を移動していく際に
（up→down　down→up）、場所場所で、人差
し指から小指まで意識の持ち方を変えなくては
ならないのです。

　わかりやすく言えば「**右指にもフィンガリ
ングがある！**」ということです。しかし、ま
だ、指を意識的に動かそうとしないでくださ
いね！

　アップ・ボウを弾くとき、先弓では、人差
し指（1の指）。元弓では小指（4の指）。そ
して移動していく際に2～3の指（中指、薬
指）と意識を持つのです（**写真1～4**）。ダウ
ン・ボウは、その逆。気づいた人もいると思
いますが、速く、細かい動きのみに指が活躍
するわけではないのです。先ほどの葉っぱが
多く動くので、勘違いをしてしまいそうにな
りますが……。

　実際に演奏をしているとき、指の働きは、
腕の動きのニーズにこたえて、最小限の動き
をもって表現につなげていきます。プレイ
ヤーと弓の唯一のとても重要な接点であるこ
とは、言うまでもありません。親指や、小指
が反（そ）り返っていたら、腕の動きのニーズにこ
たえることは、難しい作業となってしまいま
す。**指はバネの役割をこなしていると考えま
しょう。押されても引かれてもスムーズに元
の形に戻れ、しかも自発的に動作できる特別
なバネです。**車のダンパーのような、ただの
ショック吸収システムではないと思ってくだ
さい。

　今回は、ボウイングにおける、指の存在感
を理解するアプローチとして説明しました。
何気なく弾いていた人も、もう一度、確認し
てみてください。次は、葉っぱが多く動く場
面を例にあげ（実際の曲やエチュード）、スキ
ルアップの手段を紹介していきます。

楽器の取り扱いについて

「右手のこと」の中で"弓の取り扱いについて"を取り上げました。掲載後、「今まで知らずに弓をだいぶ雑に扱っていた」とか、「わかっているつもりで、見落としている項目があった」等の意見をいただきました。

あのとき「いずれ楽器に関しても触れていくつもりです」と書きましたので、今回は、思いつく部分で説明していきたいと思います。

私はヴァイオリニストという関係上、今までたくさんの楽器を見てきました。そして、そこで感じたのは、「腕の立つ職人は、必ずと言っていいほど道具を大切にしている」ということです。そして整頓してあります。いい仕事をするための必須条件でしょう。

いい音楽をするための必須条件、これもまったく同じです。楽器演奏に優れ、いい音楽をパフォームしている人たちの楽器は、いつも良い状態を保っていて健康的なのです。"楽器"とは"モノ"と考えるより"生き物"と考え、いつも呼吸をし、泣いたり笑ったりの表情があるもの。まずは楽器に対するアプローチをこのように認識しましょう。

＊　＊　＊

①飛散した松ヤニは必ず拭き取りましょう

弓のスティックに付いた松ヤニ同様、ｆ孔の付近に付着した松ヤニは、演奏後、必ず拭き取りましょう。時間が経つと、取れにくくなります。楽器は共鳴体なので常に清潔にしておきたいものです。

②湿度はいつも気にしましょう

弦楽器は湿気や乾燥に大変敏感です。湿度は 40 〜 50％の範囲内にキープしましょう。梅雨時の湿気は気づきやすいのですが、冬場1月〜3月あたりの空調による乾燥は、意外に見落としがちになります。湿気は、はがれの原因になりますが、乾燥は割れの原因になります。極度の乾燥からは保湿を促すダンピットというゴム製の器具がお勧めです。近頃はデジタルの湿温計が出回っていますが、これもお勧めです。

③ペグ（糸巻き）の状態はスムーズに

さあ練習を始めよう、と思い、楽器を構え、いざチューニングという段でペグが動かない。仕方なしに弓を置き、ペンペンはじきながらやっと合わせた。という経験は誰でも持っています。

この何とも言えない時間の経過のもどかしさを繰り返したくない、という気持ちが、すばやく的確なチューニングに結びついていくのです。すると、まずはペグの状態を良くしておくことが先決になってきます。なかなか動かずカチカチと音を立て始めたら、ペグソープか、なければ未使用の乾燥した固形石鹸を、抜き取ったペグに適量塗り、改善しましょう。レッスンを受けるしょっぱなに弦が合わず、先生をイライラさせるのもつまらないことですが、何よりもアンサンブル（オケ・

室内楽）で一人チューニングが遅れて、場の空気がしらけることは本当に避けたいことです。

④弦の管理

　最近では、化学樹脂で作られたものが主流になった感があります。環境の変化に左右されないし、ガット弦に比べて安価なものが多い、などが原因でしょう。気をつけなくてはならないのは、案外音質の劣化が早くやってくるということです。少々押し付けても、少ない雑音で音が出てくれるので、気づかないうちに弦に負担がかかるからなのかもしれません。弾き方まで変わってしまうことすらあります。張り替えた日を手帳につけておきましょう。弾き終わったら、楽器の胴体同様、付着した松ヤニを拭き取り、松ヤニの付いた布とは別の布（ケースの中には2枚入れておきましょう）で、指板、弦と左指が接触した部分を必ず拭くこと。そして、左手と最も接触の多いネックをよく拭きましょう。

　たまに、汗などの、脂分がしみついて、ベタベタしているネックの楽器を手にしますが、操作性の悪さに加え演奏中の触感が不快で、いい音楽につながりにくくなります。

⑤駒の位置と立ち方をチェック

　楽器の中心に位置する駒が、知らず知らずのうちに前後左右にずれてしまっていることがあります。楽器の内部に立っている魂柱の位置は専門家にまかせるとして、駒に関してはプレイヤーが常に注意を払っていきましょう。

図1

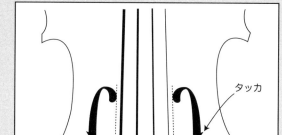

タッカ

　楽器によって駒の適正な位置は微妙に異なると思いますが、目安として、左右のブレはｆ孔の中央に合わせ、前後のブレはｆ孔のタッカ（ｆの真ん中のきざみ）に合わせるようにしましょう（**図1**）。あくまでも目安です。古い楽器に多いのですが左右のｆ孔自体がずれていたり、タッカが不明瞭な場合もよくあります。そういう場合は、その楽器に合った位置を職人さんにアドヴァイスしてもらうことを勧めます。

　駒の位置は、ずれていないけれど、駒が指板側に傾いている楽器をよく見ます。弦が伸びていけば、自然と駒は指板側に引っ張られていくのは道理で、この状態で長時間放っておいた駒は、まっ

すぐに立て直すと（駒のテールピース側と楽器の表板が直角の関係）駒の足の指板側が浮いてしまい、つまり、つま先が上がった感じになり、駒と表板の接点が少なくなり鳴りにくくなります。立て直さず放っておくと、最悪、倒れてしまうことも考えられます。

⑥ 楽器のボディーは、むやみにつかまないこと

　演奏を中断しても、右手には弓を持ち、左手で楽器を持っています。弓は毛箱を軽く握る感じで、楽器はネックを持って待機しましょう。ニスのかかっている胴体は、ベタッと指で触ると手汗などの汚れが付き、場合によっては拭いても取れなくなったり、指紋が付いてしまうことがあります。見た感じでもきれいではありませんが、何よりも、大切な振動体だということを、しつこいようですが、もう一度確認しておきましょう。

⑦ 最低でも年に一度は健康診断を

　人間、気がつかないうちに体のどこかしらに、異常が発生することがあります。転ばぬ先の杖として、年に一度の健康診断を実施するものですが、楽器もまったく同じだと思います。駒のズレくらいはわかりますが、ハガレや魂柱のズレ、弦と指板の関係などのチェックは、専門の職人さんに依頼しましょう。

　各弦の張力は、30kg 以上といわれます。小さな楽器ではありますが、意外なほどのテンションの高さで音を出しているのです。長期間弾かないときは、弦をゆるめ、湿気のないケースに防虫剤を入れ、よく磨いてから、保管しましょう。

質問コーナー

　私はこの春、一般大学へ進学してオーケストラのクラブに入りました。小学校卒業まで、なんとなく続けてきたヴァイオリンを、またどうしても仲間とやりたくなったからです。しかし、いざ始めるとパート譜の音が取れません。メロディはわかるのですが……。以前弾いていた曲などは、もっと難しくても弾けるのに、と、もどかしく感じております。何か解決法はありますでしょうか？

（東京都 18 歳 女性）

ANSWER

　メロディはわかっているのでしょうが、強く耳の中で鳴ってはいないと思います。ご存知の通り弦楽器は鍵盤楽器等と異なり、ビジュアル的に、ある場所を叩けば、とりあえず目的とする音が出てくれるものではありません。子供の頃に弾いていた曲は、耳に染み付いているのです。あるいは好きで得意な曲もそうでしょう。

　試しに、楽器で音の取れないフレーズを、声にして歌ってみましょう。たぶんスムーズには歌えないはず。

　楽器を構えてイライラする前に、これを実行してみてください。できてから弾いてみましょう。テクニック的な問題箇所が鮮明に見えてきます。やってみた効果を聞かせてくださいね！

ピエトロ・グァルネリ

指の働き（その2）

　"右手のこと" 指の働き（その1）で、指はどのような重要な役割をボウイングにおいて受け持っているか？　という内容のことを説明しました。木の幹（みき）から出ている大きな枝を肩に例えた場合、その枝の先に付いている葉っぱが指。この葉っぱはバネの役割をするが、状況を把握し、自発的に理想的な動きを展開し、音楽表現につなげていくバネなのです。しかし、「指」だけが動き演奏するシーンはありません。

　この事実を理解してもらい、今回は「指」だけを単独に動かし、そのメカニズムを鮮明にしていきましょう。

　「指」だけを動かして音を出すと、もはや、ほとんど「音楽」の音ではなく、始めは特に聞きづらい音を発します。弦と弓との垂直関係を保つために手首を一緒に使うことにより、楽曲の表現の一部になるのです。ですからこれから説明するドリルは、なかなか良い音は出ない、と覚悟してください。ここで、まずは音を出さないでスキル・アップのヒントを説明していきましょう。

■指を動かしてみる

　複雑なことを考えずに、グーパーしてみます。すると何か物をつかもうとする動作になりますね？　左手の動きにも共通していることですが、このときに普段、指先に近い屈筋を大きく動かします。しかしここでは、グーパーのグーで、爪を内側に巻き込まないように気をつけてやってみてください。弓を持って指を動かそうとしている人の間違えた動きは、ここにあるのです。

　その動きとは、単に弓が手のひらから遠ざかったり近づいたりしているだけで、実際のボウイングにおける効果のないものです。**弓は指が伸びていくときに、ダウンの方向（小指が伸びる）、縮めるときにはアップの方向（小指が丸まる）に動く。そして、この動きは、元弓のときに限る。**と考えましょう。確認しておきますが、指での細かい弓の操作は元弓でのことです。

■左手の人差し指を利用して

　いきなり弓を持つのではなく、まずは左手の人差し指を弓に見立てて持ってみましょう。「これから指を動かすぞ」などという気負った気持ちは持たずに、です（**写真1**）。そして左手を動かしてみます。

写真1

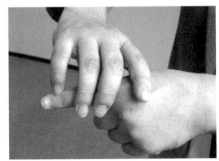

写真2

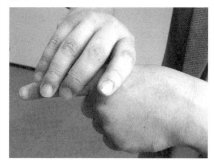

写真3

　まず、**写真2**のように、小指側に押すように（ダウンの動き）、そして次に**写真3**のように親指側に引くように（アップの動き）。ダウンの動きでは、小指は伸びます。アップの動きで小指は丸くなりますね。「全然、動きようがない」という人は、親指と中指を支点にする意識を持ち、若干の手首の動きも入れてみましょう。

　次に、今のことができたら、今度は左手の人差し指は固定して、右指の動きで自発的に動かしてみましょう。やりにくい場合は、右腕全体を使って動かしてみましょう。今の右腕のダウンの動きは、指だけ動かすときはアップの動き、右腕のアップの動きは、指だけ動かすときはダウンの動きです。こんがらかりそうですが、ここで勘違いしやすいことです。この動きが理解できたら、右手の指を使って、左手の人差し指を動かしてみましょう。何度となくトライしてみてください。

■弓を持ってみる

　では、自分にとって適正な形で弓を持ってみます。次に、実際の演奏ではまったくありえないほどに「指のみダウン・ボウ」の形をとってみましょう（**写真4**）。この形は、すべての指が伸びきります。支えている指は、伸びきった親指と人差し指だけです。そして「指のみアップ・ボウ」です（**写真5**）。人差し指は完全に上をさし、残りの指は限界まで丸めます。この両方の動きの気分を出すために手首の動きも使いましょうか。

写真4 　　　　　　　　　**写真5**

交互にこの動きを繰り返してみましょう。これは "バネ" である指の最大の稼動を知り、演奏しているときに、自由に柔軟性を持って微妙な動きに対応させるためのドリルです。車のバネは車体からはずすと意外なほど高さがありますし、圧力をかけると、車体についているときは、こんなに縮まないのにと思われるほど、ペチャンコになります。このイメージを指にも持たせようというのが狙いです。

このときは "弓の適正な持ち方" は、ほんの一瞬の通過点にしかなりません。もう一度言いますが、実際の演奏現場では、こんな動きはしません。微妙な動きは余裕を持ってやりたいもの。やっとの思いで動く指に多彩なニュアンスを望んでも、かなうものではありません。

■実際に弾いてみる

ドリルの素材は、右手のことなので、シンプルなものであれば何でも結構です。

まず、A線のオープンで練習してみましょう。

先ほども言いましたが、完全な元弓で弾きます。指だけ動かし、手首を使わないと最大で3〜4cm程度しか弓は動きません。しかも情けない音です。

♩＝60のテンポで、ダウン・アップを4分音符で続けて弾いてみましょう。いくらか良い音になってきたら左手をリンクして、A線以外の弦も使っていきます。

私が選んだ素材は、クロイツェル教本の第3番（**譜例1**）です。ただ弾いても構いませんが、ひとつの音を3連符にしたり付点にしたり、いろいろなヴァリエーションでやってみましょう。

譜例1　クロイツェル教本／第3番

■現場における実例

指を葉っぱに例えて、葉っぱが細かく動くのがよく見える……つまり手首から先が大きく動き指が働いているシーンは、演奏現場では具体的にどのようなときでしょうか？　例として、今私がざっと思い出す作品の一部を3つばかり紹介しましょう。

1.　ハチャトゥリアン作曲　ヴァイオリン・コンチェルト　冒頭から10小節目ソロ開始から6小節間

2.　サン＝サーンス作曲　序奏とロンド・カプリチオーソ　46・47・48小節目や、75・76小節目を始めとするフレーズ（**譜例2**）

3.　シューベルト作曲　交響曲第9番 "ザ・グレート" 第3楽章　冒頭部分（**譜例3**）

譜例2　サン＝サーンス／序奏とロンド・カプリチオーソ

譜例3　シューベルト／交響曲第９番"ザ・グレート"第３楽章冒頭

　おなじみの曲のよく耳にするフレーズですね。このフレーズを見ると、他にもよく出てくる形を思い出す人もいるかと思います。例えば、シベリウスのコンチェルトにおける第１楽章最初のカデンツァの導入部分などもそうですね。

　厳密に言えば、腕全体をわずかに使い、肘から先に動きが見られ、手首を使った手首から先が大きく動き、指が精密機械として自在に動き、弓との接点を担当するのです。

　この動きは、ある速度よりゆっくりのテンポになり弓の量が多くなると、"ダウンの際、丸くなり"、"アップの際、伸ばす"という動きにシフトしていきます。全弓で弓を返すときなどがそうです。ここは、実際に見せながら説明したほうが、ずっとわかりやすいのですが……。

　そして今回は、指を特に大きく使う場面が中心になりましたが、弓との接点として、「動き」というより、「働き」を確認してもらうことが大変重要なことで、さまざまな動きに指は必ず微妙に対応しています。前回の「右手の指使い」と、今回の「バネの稼動」が、鍵を握る項目です。

　10回に亘り「右手のこと」として私なりに包括的な観念を織り交ぜ、分析的に説明してきました。これもひとつの登山口と、捉えてください。わかりにくい説明がもしありましたら、または別のアイディア等ありましたら、ぜひ編集部までご一報ください。

　さまざま改良できて、もし良いアンサンブルがひとつでも多く生まれるとしたら、私にとって本当に幸せです。

Case99

　塩原奈緒さんは、ピアノを専門に勉強しています。実技試験シーズンになると、あちこちの仲間から伴奏を依頼され大忙しの人気プレイヤーです。そして自らも高校１年生からヴァイオリンを始め、３年間部活のオケにいたそうです。現在大学３年生。春からもう一度ヴァイオリンをやり直しています。高校の頃は、先輩たちなどから手ほどきを受けていました。

● 悩んでいるところ ●

　「小指がよくはずれる。わりといつも低めにはずれる。それと楽器との接点である顎や首、肩などが、どうもしっくり来ない。きちっと専門の先生には今まで習ったことがなかったので基礎を知っておきたい。」ということです。

　エックレスのソナタを聴かせてくれました。

■小指は悪者ではない

　小指（４の指）は、いつも厄介者で、初心者でなくても油断をすると、すぐに問題を起こす指です。音が細くなりがちで、ヴィブラートもかかりにくい。

　40歳以上でヴァイオリンを始めた人で、まるっきり小指が届かない人に、私は、「そこに時間を費やし、肩や肘を痛めるくらいなら、小指を無理して使わず、３本の指で楽しんだほうが、ヴァイオリンとの時間が有意義ですよ」と勧めます。前巻『目からウロコのポイントチェックⅠ』の質問コーナー（109ページ）で、やり方を掲載した覚えもあります。

　しかし、塩原さんくらいの歳で、あきらめるには、あまりに若すぎます。彼女はピアノをやっているだけに譜面が読め、耳も、もちろんしっかりしており、手にも恵まれています。器用でもあるのですが、どうやらその辺が災いしているようです。

写真1

写真2

小指は当初、**写真１**のようになっていました。適正な形は**写真２**です。この形にしようと、懸命に小指だけを動かして直そうとしているのですが、すぐにもとの形に戻ってしまいます。

　もう一度、楽器を構えるところからしてみました。顎と肩だけでしっかりはさみ手を離しても持てる、というイメージではなく、**楽器を鎖骨に乗せて抜け落ちない程度に軽くはさみ、左手の親指にネックを預ける**、といった感じのイメージで持ちましょう。すると楽器は幾分アウト（左側）に構えることになるし、肘は逆にアウトに逃げることができなくなります。左腕の捻転が以前よりも増した分つらそうでしたが、小指自体に無理な操作をせずに、**写真２**の形が完成しました。

　筋肉は、ある角度を作ったとしても、習慣にしていかないと、以前の角度に戻ろうとします。それが日常的に楽であれば、なおさらのこと。耳を頼りに、"この形こそ、音程、音色が良くなっていく"という実感がインプットされていくことが、問題解決の近道です。塩原さんの耳は優れています。しかし、もっと磨けます。音の高低を察知するプロセスに音色をもう少し意識する方向が入ってくれば、ミュージシャンとして、より高いステージに登ることができることを確信します。ヴァイオリンを再開して本当に良かったのではないでしょうか。

ＣＯＬＵＭＮ・11

呼吸について

　当たり前のことですが、歌を歌うにしても、フルートやトランペットを始め管楽器にしても、息を吸ったり吐いたりすることにより、声が出たり音が出たりします。これを"呼吸"とか"ブレス"と言います。

　息がなくなっては演奏が続行できなくなるので吸います（吸いなおす、という場合もあります）。私は学生のころ、フルートとデュエットしていたとき、「そこでブレスしたいからちょっと気にしてくれる？」と言われたことがあります。考えてみれば弦楽器や鍵盤楽器、打楽器は呼吸が直接演奏に影響することがないので、ヴァイオリンを弾いていても意識などしたことすらありませんでした。フルートの彼はまた「仲間の弦の演奏を聴いていると、ときどきブレスの場所がなくて息が詰まりそうになるよ」とも言いました。

　もちろん、歌の場合でも同じことが言えるでしょう。ブレスの必要性によって、自然と歌や管の人たちは、フレーズ感が身に付いていくとも考えられます。

■せーの！

　ソロ以外（デュエットからオーケストラまで）では特に、「呼吸をする」「呼吸を合わせる」という言葉が、しょっちゅう出てきます。これは決して息がなくなってしまうからではありません。呼吸をし、呼吸を合わせることにより、音楽のタイミングを合わせ、最終的には、よりよい音楽を実現するためなのです。

　私がレッスンをしていて多く見かけるのですが、楽器を構えて何の予測もなく弾き始めてしまう

人がいます。そんなとき、私は一番わかりやすく説明するために、「ボールを投げるとき、あなたはどうする？」と質問し、その動作をやってもらいます。

　みんな必ずボールを持ったら、一旦投げる方向の逆のほうへ手を引きます。弓の動きも同じです。しかし、これは非日常の動作だ、と潜在的に思い込んでいる人が多いのか、ヴァイオリンの演奏では実行されません。あるいは音を出す手前で固まってしまうのでしょう。弾き始める予測がつかないということは、当然リズムも音色も強弱も予測がつきません。演奏する本人も「出たとこ勝負」といったところでしょう。私は彼らに「せーの！」と号令をかけます。

　「クラシック音楽に、せーの、はないんじゃない？」「モーツァルトを始める前に、せーの、なんて気分こわれる」

　かつて、作曲家の山本直純さんが「せーの！　と号令をかけたら文句を言われたよ」と私に話してくれたのを思い出します。「合わねんだから、しょうがねえよなぁ」と豪快に大笑い。まさにその通りです。

　「せーの！」と言うと、不思議と人はブレスをします。ブレスのイメージを作る第一歩です。心の中で号令をかけてみましょう。

■音が出る手前の準備を「呼吸」「ブレス」と考える

　ピアノの鍵盤を押す動作も同じです。実は息を吸ったり吐いたり……は、イメージの域を超えません。「アウフタクトでは息を吸うのですか？」と聞かれますが、「考えてみれば歌も管も息を吐きながらアウフタクトも演奏しますよ」と答えるようにしています。

　では、歌や管以外の楽器、例えばヴァイオリンの演奏中は、いったい、いつ息を吸い、息を吐いているのでしょう？

　演奏中の呼吸は、歌でも管でも腹式呼吸で行なうように指導されます。横隔膜の動きにより吐き出された息は安定しているので、さまざまな利点があります。直接演奏には影響を及ぼさない楽器でも、腹式呼吸を勧めます。テクニック的にも、精神的にも安定するからです。胸式呼吸に偏りがちな人が、いろいろな方法で腹式呼吸を習得しようとしている姿を見たことがありますが、難しく考えすぎて、なかなかできない様子でした。

　難しく考えないこと！　もうすでに腹式だ胸式だと言っている段階で、単に息をするだけのことが複雑になっていきます。「必要以上の空気をためないこと」とだけシンプルに思ってください。考え方として、深呼吸は「吸ってー　吐いてー」ではなく、「吐いてー　吸ってー」といったところでしょうか。

　ヴァイオリンを演奏する前は無駄な空気を出します。つまり、吐きます。しかし、安定した動きのために無意識に連動していきましょう。**そして、「息を吸う」ということは考えないこと**。これは本当に無意識でできてしまうことなので本能にまかせましょう。心配いりません。吸わないと死んでしまうので必ず吸っています。意識して吸う練習をすると、それこそ必要以上の空気をためこむことになるわけです。

Case100

　小学校４年生の池山 誠君は、ヴィヴァルディのコンチェルト ト短調を聴かせてくれました。音をしっかり弾いていく感じは勉強のあとがよく感じられましたが、ときどき音程が不安定になるのが残念でした。これは、ある程度自覚症状もあるようで、今後も練習を重ねていくことにより、徐々に解決していく問題でしょう。それよりも、並んでいる音ひとつひとつの処理の仕方に問題を感じました。

■ヴィブラフォンのイメージを

　譜例１は、この曲の冒頭です。彼は、この譜面の音符の上に示した棒のような音で、つまり「タータータ―」と並べていきます。「どこが悪いの？」と思う方もいるでしょう。よくフラフラした音を出していると、「最初から最後まできちっと、図形で言えば羊羹を切ったような形の音を出しなさい」と注意された記憶がありませんか？　しかし、それは基本的には、まずは与えられた音を額面どおりに出しましょう、という内容のことを、比喩を使って表現したものです。私自身はこの表現はあまり好きではありませんが、音が、とりあえず出せるようになったら、どう始末するかを考えなくてはなりません。羊羹のような音が正しいのでは決してありません。

譜例1　ヴィヴァルディ／ヴァイオリン・コンチェルトト短調　冒頭

　このように書くと、子供には複雑で、まだ先の話ではないかと思われがちですが、大丈夫です。譜例１の音符の下に書いた ⌣ ⌣ ⌣ のような音、つまり、「ターンターンターン」と語尾にＮが付く音が理想です。特に古典ものには必ず要求されるもので、鐘を突いたときの音の出方や響きだと思ってください。連続した音なら、ヴィブラフォン（鉄琴）の響きでしょう。ここで勘違いして欲しくないのは、音と音の間に隙間ができるのではなく、響きでつなげていくのだ、ということ。子供には、弾いて歌って踊って聞かせれば、一瞬にして手がそのようになります。池山君もイメージから入っていったので、すぐにできました。

　この響きの考え方はとても重要です。すべての楽器に言えることで、ピアノなどは、もともとこの出方ですし、根源である人の声による歌がそうなのです。一弓で音を増やしていくときは別のように感じますが、実はそこでも、この考えが重要で、弦が駒の近くで響きを増やしていく状態が大切です。ここで結果として、押し付けている状況に仮になったとしても、響きがあれば問われることはありません。

Case101

　服部祐子さんは大変ヴァイオリンを愛している方です。大人になってから始められた10年選手。子供のころから手にしているプレイヤーには想像がつかないほどの苦心があったと思いますが、研究心旺盛で、生き生きとしていました。ベートーヴェンのロマンス　ヘ長調を聴かせてくれました。若干、生真面目さが災いして響きが硬く感じられる箇所がありましたが、伝えたいものは感じ取れる演奏です。彼女は、あらかじめ、細かく自己分析した資料を作成されていたので、それをそのまま以下に載せます。

　　テーマ　「音をつぶさずにヴァイオリンの最大の響きを出したい」
　　大きい音を出そうとすると音がつぶれてしまいます。
　　きれいな音を響かせようと思うと音の張りがなくなります。
　　音のイメージは自分なりにあって、弾いている時は客観的に判断つきにくいのですが、
　　録音したのを聞くとわかります。

　　自分なりに気をつけていることとして
　　　　① ヴァイオリンに乗るように腕の重さを弓に乗せる。押さえつけない。
　　　　② 弓の毛で弦をつかんで子音を入れて弓を横にひっぱる。
　　　　③ 音が中ぶくれしないようにする。
　　　　④ 腕や手首が下がらないようにする。
　　　　⑤ 元弓で脇を閉じない。
　　　　⑥ 弓先で音が減らないように体の前に腕を出す。
　　　　⑦ 構えるヴァイオリンが要所で下がらないようにする。
　　　　⑧ 左指は音のつぼをつかみ、脱力して指、手を響かせる。

　とても分析的で的を射た項目です。今回の実際のレッスン現場においては基本的なチェックから始まり、ベートーヴェンのロマンスの音程の取り方、フレージング等に至るまで細かく見ていきました。それを書き始めるとかなり膨大な文字数になってしまうので、ここでは服部さんのテーマ実現への方向付けを考えていきたいと思います。
　「大きい音を出そうとすると音がつぶれてしまう」……この原因は弦がストレスなく振動していないからで、①②⑦⑧などが有効でしょう。
　「きれいな音を響かせようと思うと音の張りがなくなる」……実はこの原因もまったく同じです。他の項目も本人なりに注意していることで付随して有効と考えられます。

■大きな筋肉を意識しよう

　見た目での解決策は、右人差し指に弓が巻きついていたこと（**写真1**、改善後→**写真2**）。彼女は良くないと思っていたが、重要性をさほど感じていなかった、と言っていました。恐らくかつて、これをしたことで音が大きく改善されなかったのでしょう。元弓における小指の重要性が耳を通して体に入っていく前に、別の項目に頭が行ってしまったようです。9番目の項目に入れてもらいました。

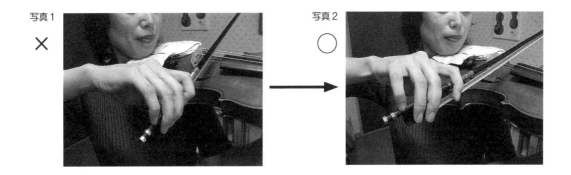

写真1　×　写真2　○

　③④⑤⑦の根本的な解決策は「支え」です。つい目先が行ってしまう指先は、小さな筋肉で構成されています。冷静に考えて、これらの項目の要となる筋肉は、肩から肘までの腕を支える筋肉。ということは、胴体に付いている大きな筋肉です。最終的には、体の中心に対する認識が重要なのです。とりあえず、今はどんな筋肉が両腕を支えているか確認することから始めましょう。

　服部さんは、音に耳を傾け、音楽を楽しみあう気持ちを持っているので、これからも、良い方向で伸びていくと思いました。

おわりに

　本書『目からウロコのポイントポイントチェックⅡ』は、「はじめに」でも触れたように、弦楽専門誌への連載をまとめたものです。一度書籍として刊行されましたが、残念ながら、その出版社の事情で絶版となってしまいました。しかし、その後もヴァイオリン・ファンの皆様から「あの本を入手したい」との強いご希望が続き、1巻に続き、2巻も刊行することができました。再び皆様に手に取っていただくことができることとなり、大変うれしく思います。

　今後、さらに第3巻を刊行したいとも考えておりますので、楽しみにしていただければ幸いです。

　新装版の出版にあたり、株式会社スタイルノート　池田茂樹様、深山アカデミー　中山明后様に、この場を借りて深くお礼申し上げます。

2020年1月
深山尚久

◎著者略歴

深山尚久（みやまなおひさ）

東京藝術大学から同大学院修了。1984年文化庁海外芸術家派遣研修員としてドイツに留学。

大学院在学中より東京フィルのコンサートマスターに就任。以来、新星日響、札響、広響、神奈川フィル、東響のコンサートマスターを歴任。国内ほとんどのプロ・オーケストラの客演コンサートマスターを務める。

1998年サントリーホールにて3曲の協奏曲を一夜で演奏する『ヴァイオリン・コンチェルトの夕べ』を、東京交響楽団と田中良和の指揮で開催。「プロ・アマ・聴衆間の垣根を取り除く」をモットーに、現在、国内主要オーケストラとの協奏曲の協演や各地でのリサイタル、室内楽活動、放送出演、指揮、教育等、幅広く活躍している。

ヴァイオリン教則DVD「ヴァイオリン・テクニカル・クリニック／基礎～応用ポイントマスター」、「ヴァイオリン・テクニカル・クリニックII実践編／基礎～応用ポイントドリル」、CD「愛の言葉」（オクタヴィア・レコード）、著書「目からウロコのポイントチェックI──ヴァイオリン・レッスン　58の上達例」（スタイルノート）、「目からウロコのポイントチェック──Let'sヴァイオリン・レッスンI・II」（レッスンの友社）等を発表。

武蔵野音楽大学教授、深山アカデミー主宰、日本弦楽指導者協会関東支部理事、ソナーレ・アートオフィス所属。

使用楽器 ピエトロ・グァルネリ

目からウロコのポイントチェックII
──ヴァイオリン・レッスン　43の上達例

発行日　2020年1月29日　第1刷

著　者　深山尚久

発行人　池田茂樹

発行所　株式会社スタイルノート
　　　　〒185-0021
　　　　東京都国分寺市南町2-17-9 ARTビル5F
　　　　電話 042-329-9288
　　　　E-Mail books@stylenote.co.jp
　　　　URL https://www.stylenote.co.jp/

装　画　いだりえ

装　幀　Malpu Design（高橋奈々）

印　刷　シナノ印刷株式会社

製　本　シナノ印刷株式会社

© 2020　Naohisa Miyama　Printed in Japan

ISBN978-4-7998-0181-9　C1073